一名男子在家里洗澡的情景。因为浴盆里没有垫上亚麻布单子,所以此人有可能被木刺扎伤。

(British Library, BL Royal 6 E VI f.179)

公共浴室是一个可以吃饭和进行其他色情活动的方便之地。
（British Library, BL Royal 17 F IV f.297）

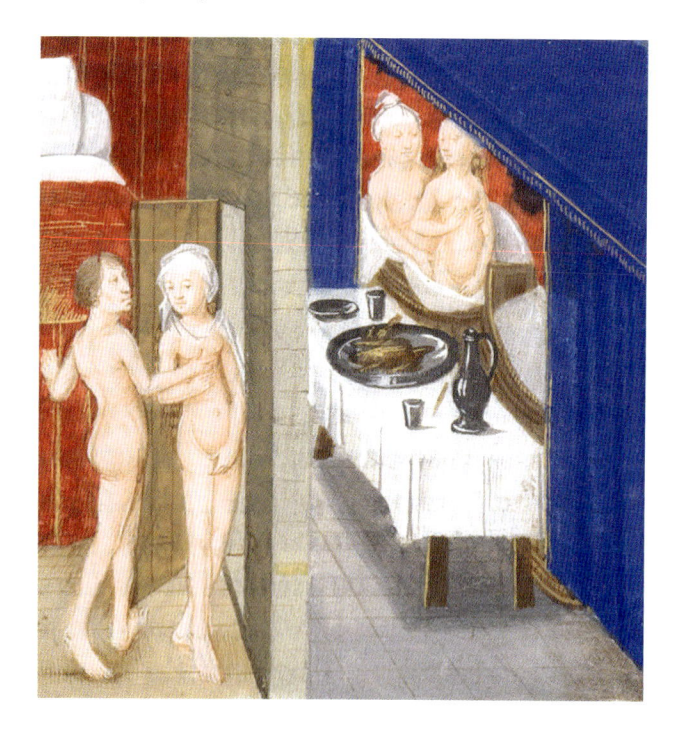

这个有趣的日耳曼水罐被铸造成了一条吃人恶龙的形状。

(The Met Cloisters)

英格兰约克郡的肉铺街(Shambles),让我们得以一窥中世纪的城镇生活。

(Danièle Cybulskie)

苏格兰的杜恩城堡(Doune Castle)里建有带窗户和搁物架,且与卧室相连的厕所,这说明这座建于14世纪的城堡十分豪华。

(Danièle Cybulskie)

《鲁特瑞尔诗篇》中的这幅画，呈现了两种与中世纪的食物有关的基本技术：水力磨坊与鱼栅。

（British Library, BL Additional 42130 f.181）

在《鲁特瑞尔诗篇》中，心怀不满的农民掌着由牛拉着的犁。

（British Library, BL Additional 42130 f.170）

图中这位修道士的"过度快乐"之举*，可能会导致他在早上被派去进行某种苦行忏悔。

（British Library, BL Sloane 2435 f.44v）

* 从图中来看，此举当指酗酒。——译者注

这条令人过目难忘的小船,其实是 13 世纪的巴黎人所用的盐瓶。它由黄金与水晶制成,并且装饰着宝石。

(The Met Cloisters)

卡斯帕("三哲士"之一)*只是我们在中世纪艺术作品中看到的众多有色人种中的一位。他穿着最时髦且有黄金装饰的服装,与其国王身份相称。

(The Met Cloisters)

*卡斯帕(Caspar),《圣经》故事中的一位国王,因为他曾经与其他两位国王带着礼物朝拜耶稣圣婴,所以他们被统称为"(东方)三哲士"(Magi)、"(东方)三博士"或"东方三王"。不过,《马太福音》里其实只提到了"有几个博士从东方来到耶路撒冷"一句。——译者注

尽管许多包办婚姻的结局都很圆满，但对图中这场中世纪婚礼上的这对夫妇来说，情况看上去却并不乐观。

(British Library, BL Royal 20 C VII f.182)

《鲁特瑞尔诗篇》中绘制的这场宴会，以一张搁板桌、餐刀和汤匙、银盘子和一个奢华的盐瓶为特点。

(British Library, BL Additional 42130 f.208)

好色的神职人员是中世纪笑话与韵文故事中常见的人物。

（British Library, BL Yates Thompson 13 f.177）

虽然这幅微型画中的每个人看上去都带着惊讶之情,但把子女献给宗教团体去抚养和教育,是中世纪生活中一件十分常见的事情。

(British Library, BL Royal 10 D VIII f.82v)

这幅插图描绘的原本是亚历山大大帝(Alexander the Great)出生时的情景,但其中也呈现了中世纪人分娩时的一些细节,比如有女性护理者、暖和的床上用品、炉火和洗手盆。

(British Library, BL Royal 20 C III f.15)

一群剃了头发的教士正在举行葬礼弥撒。

(British Library, BL Additional 52539 f.7)

弓箭手打靶就是瞄准图中的这种"箭靶"进行射箭练习。在 14 世纪中晚期，英格兰凡是身体健全的人每周都要练习射箭。

(British Library, BL Additional 42130 f.147v)

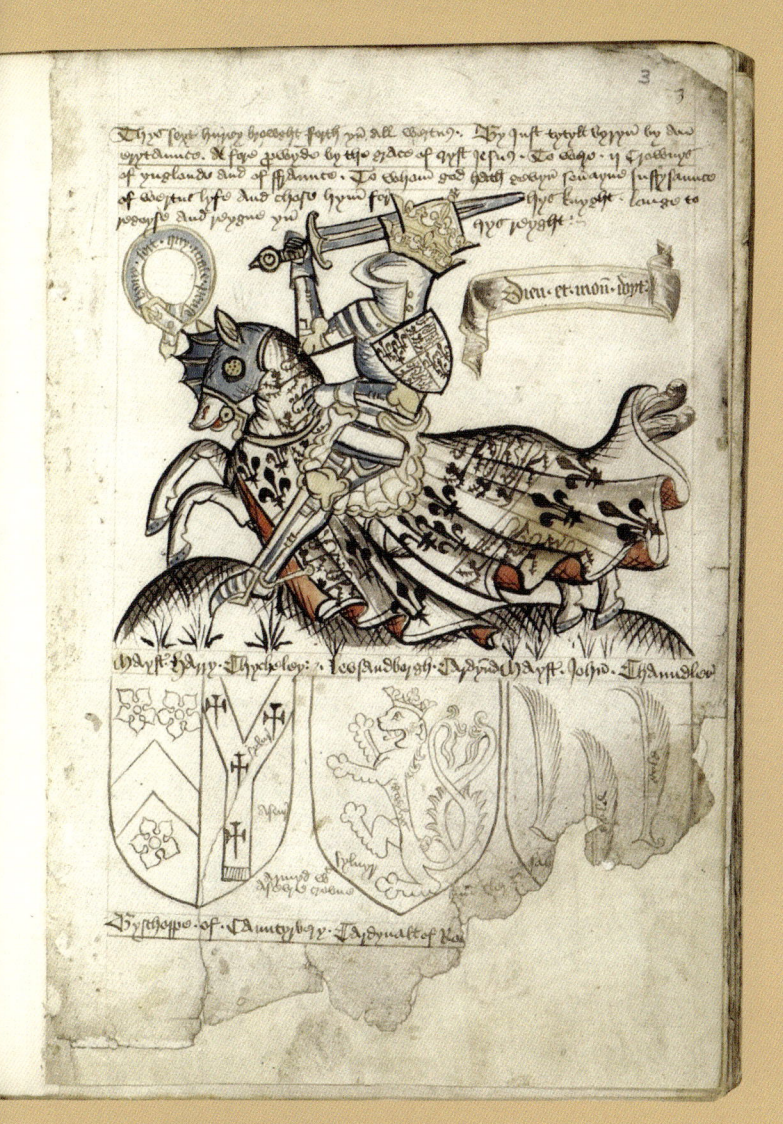

骑士最好的朋友、武器兼身份地位的象征,就是他所骑的马匹。

(British Library, BL Harley 2169 f.3)

伦敦塔中央的白塔是这座城堡最初的主楼,建于公元1066年"诺曼征服"之后不久。其特点是方形的诺曼式塔楼,且城墙顶部有垛口。

(Danièle Cybulskie)

配重式抛石机是一种可怕的武器，曾被用于摧毁城堡的墙壁，或者向城堡堡场发动有可能导致巨大伤亡的突袭。

（Wikimedia Commons）

在图中这场中世纪晚期的攻城战中,武器主要由长弓、弩弓、枪支和大炮组成。

(British Library, BL Royal 14 E IV f.23)

这幅地图与当时欧洲的许多地图一样，以耶稣俯瞰着世界、耶路撒冷是地球与宇宙的中心为特点。

（British Library, BL Additional 28681 f.9）

如图中所示,许多修道士都曾承担抄录书籍的任务,这是一个漫长而艰苦的过程。

(British Library, BL Royal 14 E III f. 6v)

圣凯瑟琳是中世纪欧洲最受人们欢迎的圣徒之一,其象征就是她曾遭受酷刑的碟轮。

(British Library, BL Additional 24686 f.2v)

这枚朝圣者的徽章上绘有坎特伯雷大教堂里的托马斯·贝克特圣祠。徽章上位于右侧的人正在拉开帘幕,好让我们能够一睹那座圣祠的风采。

(The Met Cloisters)

虽然中世纪的欧洲以宗教不宽容而著称,但当时的人在宗教信仰与宽容程度上却有着巨大的差异。亚瑟王传奇只是基督教与异教思想无缝融合起来的诸多故事之一。

(British Library, BL Additional 10294 f.94)

家人们都围在病人的床边，一名医生（右）则在检查瓶中装着的患者尿液，以诊断病情。

(British Library, BL Harley 4379 f.125v)

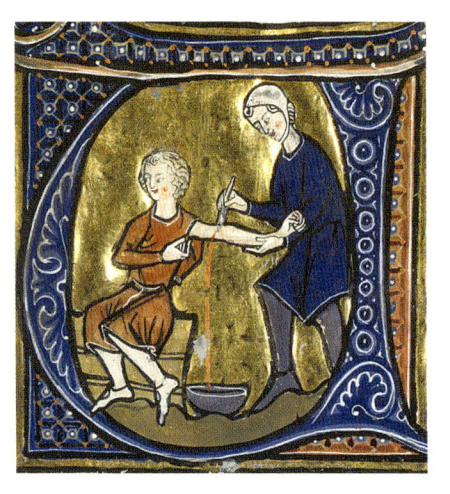

病人正在接受放血疗法，以平衡其体液。

(British Library, BL Sloane 2435 f.11v)

如这幅"老者"肖像画所示,中世纪的人曾经使用各种助行器具,比如拐杖。

(British Library, BL Harley 4425 f.10v)

坐在桌前写作的克里斯蒂娜·德·皮桑，她身穿柯特哈蒂裙，戴着角状的头巾。

(British Library, BL Harley 4431 f.4)

一名女性正在梳理羊毛并用早期的纺车纺纱。

(British Library, BL Additional 42130 f.193)

这枚13世纪的斯堪的纳维亚棋子，刻着一群乞求者围着一位女王的情景。它是用象牙制成的。

(The Met Cloisters)

这些收藏在大都会修道院艺术博物馆里的扑克牌上都绘着时髦的人物,从他们身上的貂皮饰物到女王修光毛发的额头就看得出来。纸牌的花色是狩猎所用的号角,而不是红桃、方块、梅花或黑桃。

(The Met Cloisters)

14 世纪在圣英格利弗（St Inglevert）举行了一场赫赫有名的比武大会，让所有最时髦的骑士与贵妇都云集于此。骑士们的盾牌上绘有的心形图案，表明宫廷爱情与骑士精神的理想曾经极其紧密地交织在一起。

（British Library, BL Harley 4379 f.23v）

动物图鉴中的这幅海狸插图，试图解释海狸在拉丁语中被称为"投掷者"的原因。

(British Library, BL Royal 12 C XIX f.10v)

中世纪人自有生活妙计

Life in Medieval Europe
Fact and Fiction

[加]
达妮埃尔·齐布尔斯基
(Danièle Cybulskie)
著

欧阳瑾
译

上海社会科学院出版社
SHANGHAI ACADEMY OF SOCIAL SCIENCES PRESS

引　言

Introduction

此书开始在电脑上"付诸笔端"、开始变成闪烁着的光标真切地呈现于我的眼前之前,原本是我根据与朋友、与陌生人之间的数十次交谈形成的一种想法。身为一名迄今已从业多年的中世纪研究者,我注意到,每当人们受到吸引去阅读一部历史小说——或者阅读一个源自历史本身的伟大故事时,人们往往会自然而然地就小说或者故事发生的年代向自己提出一些相同的问题。这些问题都是以"人"的因素为中心的。假如能够**身临其境**,亲历故事中的那一刻,我们又会有什么样的感受呢?

虽然大家可以在历史课上了解到重要日期、君王和战争等方面的情况,但我们似乎经常会忽略过去那些构成了日常生活的小细节。殊不知,正是那些细节,才为历史赋予了绚丽的色彩;正是那些细节，才让我们作为人类能够穿越时空维系在一起；也正是那些细节，才让我们合上书本或者关掉屏幕之后，仍然对它们久久不能忘怀。

本书将从满足人类萌动的好奇心这个角度来审视中世纪的欧洲，而老套的历史探究方法可能是无法满足这种好奇心的。本书或许没有将您期待着在一部论述中世纪的普通书籍中看到的一切囊括其中，却含有许多您可能没有想过要知道的事情。您会发现，我们探究的许多方面都会让中世纪摆脱种种极端的恶名，比如极端暴力、极端肮脏和带有极端的偏见。芭芭拉·塔奇曼[1]有句名言，说14世纪是"一面遥远的镜子"，但我发现，这面镜子其实并不像看上去那么遥远。

为此，我们将着眼于公元500年前后至公元1500年左右的中世纪欧洲。这一时期大致对应于罗马帝国（Roman Empire）衰落和新教（Protestantism）兴起的那个阶段。自然，当时的人并未想到这些标志性的时间与事件居然划分出了一个被称为"中世纪"的历史时代；可尽管如此，它们仍是很有用处的标志。随着罗马帝国的势力开始日渐衰落下去，新的权力结构以所谓的（且一直存在争议与争论的）"封建主义"的形式兴起了；而在这个时

---

[1] 芭芭拉·塔奇曼（Barbara Tuchman，1912—1989），美国著名的女历史学家兼作家，曾于1936年和1972年两度获得普利策奖。——译者注（如无特别说明，本书脚注皆为译者注）

期的另一端，新教则意味与天主教会的势力决裂，并为欧洲的各个王国带来了一种不同的独立性。

1 000 年的时间里可以发生许多事情，事实上也的确发生了许多的事情。一个个帝国兴衰沉浮，科学技术飞速发展，半数人口则在仅仅一年的时间里就灰飞烟灭。我们无法在一部篇幅如此短小的书里涵盖所有的事情（连 1 000 部这样的小书也无法做到这一点），因此书中会有大量必要的概括性内容。衷心希望本书能够激发您的兴趣，能够让您继续阅读，去探究吸引您的从维京人[1]到威尼斯人（Venetians）的一切。

尽管我们的重点放在中世纪的欧洲上，但重要的一点是我们必须记住，欧洲仅仅是大千世界中一个小小的组成部分，其他地方同时也发生了很多引人入胜的事情。当时的欧洲连通着一个广袤的旅行和贸易网络，而这个网络从格陵兰岛往南延伸到了尼罗河，往东则到了中国。商品、故事与人们缓慢地跨越了数千英里[2]的距离，沿途发生了数百万次细微的人际交流，使得中世纪的世界在文化上要比人们曾经以为的丰富得多，也多样化得多。您可不要把中世纪的欧洲想象成一个人人在长相、衣着和行为方

---

1 维京人（Vikings），指从 8 世纪到 11 世纪曾经侵扰欧洲沿海和不列颠各岛的北欧海盗，而欧洲的这一时期也因此而被称为"维京时期"（Viking Age）。
2 英里（mile），英制距离单位，1 英里约合 1.609 千米。

式上都是千篇一律的地方（其实并非如此），而应将那里视为一个诸民族与文化相互交融、相互碰撞的地方。我还想请您在地理和历史方面进行深入的阅读，并且更多地了解这一时期的世界各地还发生了哪些令人惊叹和奇妙无比的事情。

那么，中世纪欧洲人的生活究竟是个什么样子呢？人们经常说中世纪的欧洲"肮脏、野蛮而无礼"（托马斯·霍布斯[1]语），是一个"宗教信仰的时代"，是一个人们宁死也不肯洗个澡的时代。我们会看到，这些观点都有一定的道理；只不过，由于我们需要相信人类自那时以来已经取得了长足的进步，因此它们往往都会被夸大其词。实际上，中世纪之人怀有的梦想、愿望与期待差不多与我们无异，而通过日常习惯、建议与休闲活动，他们也向我们表明了他们自己的情况。

从根本上说，历史就是人类带着好奇心、挫折感、幽默感与勇气尽其所能地在这个世界上不断前进的故事。我相信，了解过去的人会改变我们对人类的总体认知，并且促进跨越国界的理解与友爱。除此之外，了解一个如此陌生却又如此熟悉的世界，也会给我们带来令人难以置信的乐趣。

---

1 托马斯·霍布斯（Thomas Hobbes，1588—1679），英国政治家、哲学家兼社会学家，他创立了机械唯物主义的完整体系，提出了"自然状态"和国家起源说，是欧洲"启蒙运动"中的杰出人物，著有《论政体》《利维坦》等作品，在西方思想史上产生了重要的影响。

目录

Contents

引 言 *1*

第一章 肮脏的小秘密 *001*

中世纪的人洗澡吗? *002*

他们有没有洗过手呢? *007*

他们用肥皂吗? *008*

他们的牙齿怎么样呢? *010*

他们洗衣服吗? *012*

那时的城市里很肮脏吗? *016*

当时的厕所怎么样呢? *018*

第二章 耕作、斋戒与盛宴 *023*

当时的人吃些什么? *023*

人人都在家中做饭吗? 027
当时的食物不是全都清淡无味吗? 029
那时的贸易线路有多远呢? 030
欧洲人与不同的文化进行了很多接触吗? 031
当时的人喝些什么? 032
他们经常喝醉吗? 035
是否人人都准备度过一个令人兴奋的酩酊之夜呢? 036
一场盛宴是个什么样子? 038
他们真的是用双手抓着饭菜吃吗? 040
当时的人讲究餐桌礼仪吗? 042
他们吃甜点吗? 044
这是不是有些不卫生呢? 046

第三章 爱的艺术 049

中世纪的人约会吗? 050
所有的婚姻都是包办婚姻吗? 052
他们是怎样结婚的呢? 055
新婚之夜是个什么样子呢? 057
他们的性生活怎么样呢? 058
男女两性群体的关系如何呢? 061
是不是连神父也有性行为呢? 066

目录

当时的人使用避孕药具吗? ... 068

他们爱自己的孩子吗? ... 070

当时人们的童年是个什么样子呢? ... 073

是不是人人都英年早逝呢? ... 075

当时的人是如何面对死亡的呢? ... 076

现实中有人去世之后会发生什么? ... 078

第四章 丑陋与残忍 ... 084

中世纪的整个政治结构是建立在"强权即公理"的基础之上吗? ... 085

中世纪的欧洲有奴隶吗? ... 086

农奴结婚时,领主会不会先与新娘发生关系? ... 088

惩处手段是一直都很残忍吗? ... 089

死刑的情况如何呢? ... 090

比武审判与神明裁判是怎样进行的呢? ... 094

此后的司法体系是如何发挥作用的? ... 095

他们使用过法医证据吗? ... 098

假如人们不认罪,他们会受到严刑拷打吗? ... 099

中世纪的人总是在打仗吗? ... 101

长弓真的具有那么大的致命威力吗? ... 103

弩弓怎么样呢? ... 104

骑士的情况如何呢? ... 105

穿上那么厚重的盔甲，他们还能行动吗？	107
骑士需要经常运用他们的战斗本领吗？	109
围攻是如何进行的呢？	110
什么是抛石机？	112
围攻者还有什么办法可以攻进去？	113
当时有没有爆发过激烈的鏖战呢？	115
枪炮是中世纪发明的吗？	117

第五章　信仰的时代　　　　　　　　　　　　　　120

中世纪的欧洲由教会统治着吗？	121
人们如何践行他们的宗教信仰呢？	123
谁负责满足人们的精神需求呢？	126
当一名修士或者修女是什么感觉呢？	127
当时的修道院也是学校吗？	129
中世纪流传着许多关于圣徒的故事吗？	131
当时是不是有很多人去朝圣？	134
是不是人人都虔诚信奉呢？	135
教会总是以异端为由将人们烧死吗？	138
犹太人的生活怎样呢？	140
穆斯林的情况怎样呢？	143
十字军东征的情况如何呢？	145

第六章　疾病与健康　　　　　　　　　　　　　　　　　　*150*

　　人们受伤之后会怎么样？　　　　　　　　　　　　　　　*151*

　　人们生病之后怎么办？　　　　　　　　　　　　　　　　*152*

　　他们是不是完全依靠宗教信仰呢？　　　　　　　　　　　*154*

　　假如他们需要动手术，该怎么办？　　　　　　　　　　　*155*

　　他们有过如今的这种医生吗？　　　　　　　　　　　　　*157*

　　女性医学的情况如何呢？　　　　　　　　　　　　　　　*159*

　　残疾人怎么办呢？　　　　　　　　　　　　　　　　　　*160*

　　什么是黑死病？　　　　　　　　　　　　　　　　　　　*164*

第七章　时装、比赛与宫廷爱情　　　　　　　　　　　　　*166*

　　当时的人穿什么？　　　　　　　　　　　　　　　　　　*167*

　　他们佩戴饰品吗？　　　　　　　　　　　　　　　　　　*170*

　　人们是怎么缝制衣服的？　　　　　　　　　　　　　　　*171*

　　中世纪的人穿不穿内衣裤？　　　　　　　　　　　　　　*175*

　　他们有什么娱乐活动呢？　　　　　　　　　　　　　　　*175*

　　他们听不听音乐？　　　　　　　　　　　　　　　　　　*177*

　　他们玩不玩游戏？　　　　　　　　　　　　　　　　　　*181*

　　他们进行体育活动吗？　　　　　　　　　　　　　　　　*182*

　　骑士比武大会怎么样呢？　　　　　　　　　　　　　　　*184*

　　当时有人为了消遣而阅读吗？　　　　　　　　　　　　　*187*

结　语 　　　　　　　　　　　　　　　　　　　　　　　　193

致　谢 　　　　　　　　　　　　　　　　　　　　　　　　195

注　释 　　　　　　　　　　　　　　　　　　　　　　　　197

参考文献 　　　　　　　　　　　　　　　　　　　　　　　202

第一章

肮脏的小秘密 [1]

Chapter One　A Dirty Little Secret

对于中世纪，世人最常见的荒谬观点之一，就是认为当时没有哪个人在乎自己的清洁卫生。这种观点仅仅是那些似乎无人质疑地流传了下来的"事实"之一，成了我们对那个时代所知情况中一个公认的组成部分。人们大肆渲染那个时期的肮脏不堪，但若是您对中世纪的卫生状况过于挑剔，那就只能说明您的地位享有巨大的特权了。如今我们不但对细菌与病毒有所了解，而且我

---

[1] 此章标题为双关语。英语中的"dirty（little）secret"这一短语如今主要用其引申义，指人们不愿意让别人知道的坏事、难以启齿的丑事或者不为人知的秘密。这里则是指我们普遍认为中世纪的人不讲卫生，可其实并非如此，只是因为我们不太了解他们当时日常生活中卫生方面的具体情况。

们当中的许多人拥有保持干净整洁的手段，也就是能够获得过滤了的水、供暖系统和清洁产品。世界上还有很多的人无法获得这些东西，所以他们只能尽量保持干净与卫生。中世纪的大多数人也是如此。

中世纪的人洗澡吗？

这个问题的答案既是肯定的，也是否定的。随着古罗马人逐渐从欧洲大部分地区离开，他们留下了自己曾经极其喜欢的公共浴室；其中，许多公共浴室都装饰华丽，是巧妙地利用天然温泉建造而成的。在整个中世纪，公共浴室和蒸汽浴池一直都是欧洲各地城镇里人们经常使用的设施，尽管他们使用得可能不如我们希望的那么频繁。

公共浴室可以是罗马式的浴池，人人都能在其中泡澡；也有可能是一个个的房间，里面置有许多大到足以同时容纳数人泡澡的浴盆。中世纪的浴盆，无论是公共浴室里的还是私人家中的，通常看上去都像是一只木桶的下半部分，是由箍桶匠制造而成。由于赤身裸体地在浴盆里坐下来时被木刺扎到会让人觉得很不愉快，所以洗澡的人常常会在浴盆里铺上一条亚麻布单子，将自己与木盆隔开。他们还会在浴盆上方搭起一层亚麻布帷幕，好保持蒸汽缭绕，让沐浴者温暖舒适。为了获得更加奢华的享受，还可以在洗澡水中撒上花瓣，让沐浴者身上的气味闻起来很香。顾客必须支付一小笔费用才能使用公共浴室，就像如今的人去泡温泉时一样。

显然，那时的人都喜欢洗澡：仅是13世纪的巴黎一地，就有数十家公共浴室，伦敦甚至还有过一条"浴场路"（Bathestereslane）。当时，不论男女都可以使用公共浴室。尽管基督徒经常混浴，但他们偶尔也会像穆斯林和犹太人一样，有单独的沐浴时间与公共浴室。一些忧心忡忡的作家曾经明确地警告说，不要与那些信奉其他宗教的人共浴，因为随便的社交环境和没穿宗教服饰有可能导致极其危险的信仰混杂局面。

尽管在我们看来可能显得很古怪，但在中世纪，您是可以在洗澡的同时享用晚餐的。许多的手稿中都附有插图，上面描绘着人们一边吃饭、一边在弥漫的蒸汽中赤身沐浴的场景。这样做，当时并没有被人们视为不卫生之举。毕竟，如果在浴室里都不干净的话，您又能在哪里保持干净呢？

不过，那时的公共浴室不仅仅是一个让人清洁身体的地方，也是一种很容易让人变得肮脏的地方。鉴于人们经常赤身裸体地聚集其中，所以公共浴室似乎会不可避免地变成一个性约会的场所，而实际情况也正是如此。有些公共浴室为浴客提供吃食，其他一些公共浴室还会提供床铺——以及妓女。最终，它们确实变得声名狼藉，而英语中一个用于公共浴室的普通词语"热水浴"（stew），居然变成了"妓院"的同义词。1417年，伦敦的市议员们封禁了热水浴室，理由就是那些地方都成了各种不道德行为汇聚的场所。禁令明确将个人洗浴场所排除在外这一事实，表明当时的人确实有过自己专用的浴盆，而且并不是每个人都把洗浴当成滥交的借口，同时也表明有些人确实是在那里洗澡。伦敦人对这道限制他们沐浴的禁令无动于衷，因此仅仅11年之后，市议员们便不得不将其撤销，条件则是公共浴室的老板承诺他们会经营"正当的热水浴"（并且支付一笔保证金，来达成这一协议）。

乡村地区的人则是在湖泊、河流与小溪中洗澡；即便是那些没钱去公共浴室洗澡的城市贫民，也会在做得到的情况下尽量把身上洗干净。我们之所以了解他们洗澡的情况，部分原因在于当时的验尸官留有这方面的记录。有的时候，人们为了保持清洁而做出的努力是以悲剧告终的，因为不论老少，总是有人在洗澡的过程中溺水身亡。

尽管当时欧洲各地的人只要做得到就会洗澡，但对此时的北欧人来说，洗澡似乎仍然是一件比较稀罕的事情：他们顶多每周洗一次澡，最少则是一年只洗两次澡。穆斯林与犹太人都遵循着要求他们较为频繁地沐浴的宗教规范，但对中世纪的基督徒而言，他们却很难在精神上接受要像如今的现代人一样保持干净的想法，因为他们会把这种想法视为虚荣或者过度享乐，换言之就是会让肉体凌驾于精神之上。事实上，有些基督徒作家还批评过穆斯林，说他们洗澡过于频繁，仿佛这是在承认他们比基督徒更加肮脏似的。

中世纪那些虔诚的基督徒都相信，身体本来就是有罪的。毕竟，它连不带感官欲望地洗个澡都做不到。过分在意肉体，就会占用原本应当付诸精神问题的时间与精力，而许多基督徒的虔诚之举，也源自他们约束肉体和剥夺肉体享乐的愿望。例如，斋戒、自我鞭笞和穿粗毛里衣都是为了让身体感到不舒服，都是为了提醒罪人牢记肉体的软弱和无常。身体肮脏也是为了让身体感到不舒服，因此一些虔诚的人认为不洗澡是值得称颂的。

修道会对洗澡的规定各不相同。《圣本笃会规》(*The Rule of St Benedict*)中指出："应当经常为患病修士提供便利的洗澡条件，但身体健康者，尤其是年轻的修士，则不得轻易洗澡。"与公共浴室的情况一样，这种不允许年轻修士经常洗澡的规定更多的是出于对独身年轻人赤身裸体地待在一起的担忧，而与清洁无关。9世纪的《圣加伦平面图》[1]中勾勒出的那种理想的修士群体，也明确含有"为见习修士、院长、修士及患病修士……提供单独的浴室"的规定。尽管这种规定对洗澡方面有着明显的道德担忧，但其言下之意却是那座修道院里的每一个人都应当洗澡。西

---

1 《圣加伦平面图》(Plan of St Gall)，一幅中世纪修道院建筑群的平面图纸，大约绘制于820年至830年间，上面规划了一座完整的"本笃会"修道院，包括教堂、房屋、马厩、厨房等建筑物。该修道院原本旨在供奉圣加伦的骸骨，但一直没有兴建。

敏寺[1]里的修道士是绝对不会反对洗澡的，因为这座修道院还设有自己的浴室服务员。

> 公共浴室、酿酒厂和面包店有时会共用墙壁和资源，以便更好地利用它们都需要用到的热量。

英格兰的约翰王[2]似乎并不介意让仆役们汗流浃背地提着一桶桶热水上楼下楼，去给他的浴盆里加水；很显然，他的手下甚至有一位名叫威廉（William）的仆役，专门负责照管这位国王的浴盆。数代人过后，爱德华三世[3]决定在威斯敏斯特宫[4]的私人浴室里装上冷、热水龙头，让他的洗澡习惯对每个人来说都更轻松一点时，这一举措无疑受到了手下那些仆役的大力称颂。说到

---

1 西敏寺（Westminster Abbey），英国伦敦威斯敏斯特区一座著名的中世纪教堂，既是英国王室举行加冕大典和葬礼的场所，也是英国历史上许多重要人物的安息之地。它另一个更为中国人所知的名字是"威斯敏斯特（大）教堂"。
2 约翰王（King John，1167—1216），英格兰国王（1199—1216年在位），英国历史上最不得人心的国王之一，曾签署《大宪章》，绰号"无地王"约翰（John Lackland）。
3 爱德华三世（Edward Ⅲ，1312—1377），英国金雀花王朝的第七位英格兰国王（1327—1377年在位），他开启了百年战争，对法国造成了巨大的打击。
4 威斯敏斯特宫（Westminster Palace），英格兰国王"忏悔者"爱德华（Edward the Confessor，约1001—1066，亦称"圣爱德华"）修建的一座王宫，后成为英国议会的所在地。

洗澡，身为国王这一点绝对是大有优势的。

就像许多普遍被人们说成是"中世纪的"、令人生厌的习惯一样，您更有可能看到，用麻布擦拭——而不是洗澡——的办法来保持"清洁"的建议始于 16 世纪。唯恐染上疾病——尤其是唯恐染上梅毒与鼠疫而开始不去公共浴室的，其实是现代早期（Early Modern）的人。在此之前，倘若一家公共浴室关了门或者人们被警告离开那里，原因就必定与洗浴者赤身裸体引发的可耻行为有关。

他们有没有洗过手呢？

虽然那些无缘当上国王的人可能没有便利的条件来将全身上下洗得干干净净，但中世纪的人也确实要求保持双手和脸部的清洁，尤其是在饭前。礼仪书籍中坚持认为，洗手是具有良好教养和礼貌优雅的表现，而宗教群体的规章制度也要求人们在饭前和做弥撒之前洗手。由于修士和修女们洗手的次数太多，故他们有时还会专门安装水龙头。

假如您家没有室内水龙头的话，那么饭前洗手的时候，您可能就得用到一个特制的瓮——水罐（aquamanile）——从中倒出干净的水来洗了。水罐和洗脸盆既是为餐厅增色的装饰品，也具有实用的功能。洗手、洗脸都很重要，因此配备能够给客人留下良好印象的洗脸盆是一件很有意义的事情。同时，主人还会为客人提供擦手擦脸的麻布毛巾。

他们用肥皂吗？

自中世纪伊始，肥皂就在欧洲广为人知并且深受人们喜爱了。就连那些本该过着简朴而严守教规的宗教生活的人，也被要求使用肥皂。正如 9 世纪在亚琛[1]召开的历次宗教会议宣称的那样，除了衣物，还须为每位修士配备"数量充足的肥皂"。

当时他们所用的肥皂，大多是用动物脂肪（即油脂）和草木灰制作而成的碱液肥皂，既用于清洗羊毛、衣物，也用于清洗身体。虽然碱液肥皂能够有效去除油脂，但其碱性有可能对皮肤产生很强的刺激作用。"黑皂"中的草木灰含量很高，因此非常适合清洗羊毛，但用来洗澡却会让人感到不舒服。经济条件好的人使用的则是性质要温和得多的橄榄油肥皂，即"白皂"，它们都产自意大利、法国南部和西班牙。《特罗图拉》[2]是一部为女性提供医学指导和化妆品配方的书，其中就鼓励贵妇们在洗脸时使用这种性质温和的"法国肥皂"。

---

1 亚琛（Aachen），位于德国西部北莱茵—威斯特法伦州，靠近比利时与荷兰边境的一座城市，自 1 世纪以来就是一个温泉疗养地，曾是法兰克王国的都城，教会曾在此地召开过多次宗教会议。
2 《特罗图拉》(*The Trotula*)，12 世纪意大利的一部女性医学集，它由 3 部文献组成，据说是女医师兼医学作家萨勒诺的特罗图拉（Trotula de Salerne, ?—1097）编纂而成的，故有此名。

在薄伽丘[1]的《十日谈》(Decameron，它是14世纪意大利的一部诗歌集)中，有一个人物所使用的据说是一种"丁香味"的肥皂；这就表明当时生产的肥皂制品有不同的组合，可以产生更好的香味。虽然当时的人进行日常洗漱——比如饭前洗手——时似乎大多不太可能用到肥皂，但人们洗澡的时候却会经常使用肥皂，所以伊普尔[2]的城镇规划人员曾经不得不确保公共浴室流出的污水排入一条下水道，以免肥皂水污染到干净的水源。这一点，可能也与用过的公共洗澡水喝起来不那么舒服有一定的关系。

假如没有肥皂可用，中世纪的人在洗澡时就有可能用一些药草或者其他的植物，好让他们身上的气味好闻一点儿。比方说，约翰·罗素[3]撰于15世纪的那部《生活手册》(Boke of Nurture)，就建议人们使用"气味芬芳的药草与花朵"，以及"温热的玫瑰水"。《特罗图拉》中给出了一种洗发水的配方，其中包括"葡萄

---

[1] 薄伽丘(Boccaccio，1313—1375)，全名乔万尼·薄伽丘(Giovanni Boccaccio)，意大利文艺复兴运动的著名代表、人文主义作家兼诗人。他创作的《十日谈》是一部诗歌体短篇小说集，由100个故事构成，歌颂了现世生活、自由爱情的可贵、人民的聪明才智，揭露了封建帝王的残暴、基督教会的罪恶及教士修女的虚伪等，既对16世纪至17世纪的西欧现实主义文学产生了很大的影响，也开创了欧洲近代短篇小说的先河。

[2] 伊普尔(Ypres)，比利时西部的一座城市。

[3] 约翰·罗素(John Russell，约1485—1555)，第一任贝德福德伯爵(1st Earl of Bedford)、英国国王亨利八世(Henry Ⅷ，1491—1547)的宠臣，也是罗素家族的财富和显赫地位的创始人。

藤灰、大麦茎节的壳、甘草……以及仙客来"，说它会让女性的头发变得"金黄而闪亮"。这种配方听上去要比黑发的秘方令人愉快得多，因为黑发秘方中居然要把一只无头无尾的绿色蜥蜴放到油里去熬煮。

可以肯定的是，当时的贵族更容易获得肥皂，也有更多的机会使用肥皂，使得农民阶层虽然尽了最大的努力，但按现代的标准来看，他们身上的味道还是相当刺鼻的。不过，有证据表明，相比于中世纪之前及之后那些更常获得人们称颂的时代，肥皂在中世纪的欧洲更为普遍，人们使用肥皂的频率也更高。这一点，可不容我们小觑。

他们的牙齿怎么样呢？

人类有一种共性，那就是没有人愿意跟口臭的人说话，更别说去亲吻他们了。这一点，也许正是促使中世纪的人保持牙齿美观洁净的最强动机（可以说，现代人也不例外）。

在中世纪，刷牙一般是用某种具有研磨作用的东西——通常是牙粉——放到手指或者一块湿布上去用力擦洗牙齿。有许多的牙膏配方从中世纪流传了下来，其中包括利用食盐加胡椒、用鼠尾草等气味较为芬芳之物的配方。威尔士的一份配方建议：

> 取鼠尾草叶，加同等分量的食盐碾成粉，搓成球状。将

其烤至焦黄成粉。用它经常刷牙，可让牙齿保持干净、洁白、气味清新。

一个人若是时间不够，没法全面彻底地刷牙，那就可以用咀嚼丁香的办法来快速使口气变得清新。13世纪的吉尔伯图斯·安吉利库斯[1]撰写过一部医学纲要，其中建议人们用"气味芬芳的香料"自制口气清新糖。他还主张采取预防措施，比如饭后清洁牙齿，并且每天晚上饮用加了牛膝草、肉桂、甘松或者荜澄茄调味的葡萄酒。

牙膏可以有效清除一些牙菌斑，但在预防龋齿方面的效果却不佳。幸好，那时大多数人的饮食中含糖量相对较低，这就意味着他们患上龋齿的危险也要比我们低得多。食糖当时在欧洲已经为人所知，是十字军士兵和商贾从遥远的东方带回来的。但是，与许多必须横跨一个大陆才能带回来的进口商品一样，食糖也价格昂贵。食糖在中世纪欧洲人饮食中占比不大的另一个原因，就在于此。直到近代初期欧洲与南、北美洲之间确立起了贸易往来，食糖才开始成为普通百姓饮食中的常规性组成部分，严重威胁到人们的牙齿健康。

---

[1] 吉尔伯图斯·安吉利库斯（Gilbertus Anglicus，生卒年不详），13世纪的英国内科医师，撰有《医学纲要》(*Compendium Medicinae*)一作。"Gilbertus Anglicus"是他的拉丁语尊称，意思就是"英国人吉尔伯特"。

人们认为，龋齿是由"牙虫"引起的；这是一个合情合理的结论，因为它们会在牙齿上留下一些小小的孔洞，与毛毛虫蛀出来的一样。有些治疗龋齿的方法就是将牙虫引诱出来，好在一定程度上暂缓患者的症状。假如一颗牙齿实在是被虫蛀得太厉害了，就须请当地的外科理发师来拔掉。信不信由您，反正有证据表明，当时有些人的蛀牙进行了填充，而松动的牙齿也用铁丝进行了固定。

我们并不清楚当时究竟有多少人每天主动护理自己的牙齿，但有证据表明，出于美观以及医疗方面的原因，当时的人都渴望着拥有一口干净洁白的牙齿。

他们洗衣服吗？

与洗澡一样，洗衣服在中世纪的欧洲也是一件耗时耗力的事情，因此人们洗衣服的频率各不相同。中世纪晚期的一些建议提出每天都要更换内衣，可这样做需要耗费大量的钱财与精力。13世纪一家位于特鲁瓦[1]的医院曾经规定，床单就算不是每天清洗的话，也应每周清洗一次，英国约克郡（York）的另一家医院则雇用了洗衣女工来清洗床单。《圣本笃会规》中规定，每位修士都应有"两件束腰外衣和两件连帽修士袍，因为他们晚上需要（穿），

---

[1] 特鲁瓦（Troyes），法国东部塞纳河畔的一座城市。

还要进行清洗"。这就说明，他们随时有一套袍服在清洗是一种正常现象。哈洛德[1]的一座修道院曾奉该教区的主教之命，确保每隔两三个星期就派一名洗衣女工去为修女们洗衣服。连军队也在随军人员营帐中配有洗衣女工，负责清洗衣服、床单和毛巾。

当时的人洗衣服时，都是把衣服浸泡在水里，用脚踩踏，或者用专门为此制作的一根棍子或"棒槌"（bouke）拍打衣物，用肥皂（如果有的话）或尿液进行搓洗，用干净的水清洗，用手拧干，然后把洗过的衣服挂在一根绳子上，或者将它们铺在芳香馥郁的灌木丛上晒干，好让衣服带有香气。人们经常把洗好的衣服铺在薰衣草丛上，让衣物充满薰衣草的香味，因此，这种植物的名称"lavender"与拉丁语中表示"洗"的词语"lavare"有关，多半并非巧合。时至今日，人们依然会用干的薰衣草香囊来让衣服和床单保持气味清新。

乡下的人可以在河流、池塘或者湖泊里洗衣服，还可以把衣服放到锅里用火煮一煮。像锡耶纳[2]这样的一些城市里，不但指定了专门用于洗衣服的喷泉，还制定了地方性的法律法规，禁止商人出于个人目的私自用水。伦敦的泰晤士河上曾经设有一个很

---

1 哈洛德（Harrold），英国贝德福德郡（Bedfordshire）西北部的一个教区和选举区。
2 锡耶纳（Siena），意大利南托斯卡纳地区的一座城市，在佛罗伦萨以南约 50 公里。

受欢迎的洗衣点，名字起得恰如其分，叫作"拉文德布里奇"[1]，巴黎的护士们则是在塞纳河里清洗医院里的床单。

在家里洗衣服既费时又费力，所以请别人去干常常会更省事一些。中世纪的职业洗衣工大多是女性，她们会作为合同工，从许多家庭中收集衣物来进行清洗，或者专门给一个贵族家庭或机构当雇工。洗衣女工是在大街上抛头露面并且走家串户的职业女性，因此也成了道德上受到怀疑的对象，常常还被等同于妓女。为了防范女性的邪恶之举，一些神父只允许男性去清洗那些与弥撒有关的圣袍与圣布。

有些宗教群体是自行清洗衣物，还有一些宗教群体则是让在俗的仆役替他们去清洗衣服与床单。在克吕尼[2]的那座修道院里，修士们都是从洗好后整齐地摆放在回廊里的衣服中拿走自己的干净衣物，各人的长袍里侧都仔细地缝有他们的名字，取衣服的时候还有两名修士在一旁监督，以防发生争执。凡是没有把自己的干净衣物取走的修士，都会受到申斥。

在少数获得了特权的人看来，洗衣服既是一件有利可图的事情，还会给他们带来很高的社会地位。毕竟，字面意义上的为王

---

[1] 拉文德布里奇（Lavenderbrigge），由"薰衣草"（Lavender）与"桥"（brigge）两个词合成，这里是音译。
[2] 克吕尼（Cluny），法国东部勃艮第大区的一座市镇，在910年建立的一座天主教修道院的基础上逐渐发展而成。

室清洗"脏衣服",也就意味着比喻意义上的知晓了王室的"脏事"[1]。难怪,当时一些王室洗衣女工既收入丰厚,又待遇颇好。

职业的洗衣女工无疑拥有她们的行业秘诀,而普通百姓也有自己的洗衣诀窍。在其撰写的指导手册中,勒·梅那吉尔·德·帕里斯［Le Ménagier de Paris,意思就是"巴黎良人"（The Goodman of Paris）］[2] 曾吩咐他那位年轻的妻子留下一壶酸果汁,专门用于去除污渍。他还建议用尿液、碱液、草木灰或者牛胆汁去除油污和油渍。将衣物与干玫瑰收纳在一起也是个不错的办法,可以让衣物保持气味清新;而在中世纪之前和之后的数百年里,人们一直都在利用这种办法。

无论是对中世纪的人还是对现代人来说,世间最令人觉得惬意的事情莫过于钻进刚刚洗过的被褥之下了,就算这种愉快的感觉不会持续很久,也是如此。诚如《女性福音书》[3] 中的那位女人

---

1 英语中"(待洗的)脏衣服"（dirty laundry）还可以引申出"(不可告人的)秘密,隐私,丑事"等意思。
2 勒·梅那吉尔·德·帕里斯据说是中世纪巴黎的一位富裕屋主,他为自己的妻子撰写了一部婚姻与家居指南,主要由 3 个部分组成:怎样赢得上帝和丈夫的爱,如何"增加家庭财富",以及如何娱乐、社交与谈吐。请注意,勒·梅那吉尔·德·帕里斯当为虚构的人物,这一点从它被用作这部家居指南的标题及其意思是"巴黎良人"两个方面可以看出来。
3 《女性福音书》（*The Distaff Gospels*）,15 世纪的一部古法语作品集,其中收录了中世纪晚期欧洲女性普遍信奉的一些事情。其法语书名为 *Les Evangiles des Quenouilles*。

所言："在床上铺好干净的床单,上帝派来的天使就会躺到被褥之间,可一旦有人放屁,天使就会消失。"

那时的城市里很肮脏吗?

简而言之,是的。

想一想吧:一座城市里,不但有成千上万居民产生的垃圾,还有家养动物制造的垃圾,比如狗、猫和马,以及送到城市里来出售或者屠宰的牛、羊等家畜。还有一些动物,虽然如今大家认为它们与养殖场有关,可当时连城镇居民家里通常也饲养着,比如鸡和一两头猪。人口与动物数量之多,导致一座城市的垃圾处理变成了运输安排方面的一大噩梦,只不过那时的人也确实尽到了最大的努力。

可以想见,人口与动物的一切往来(以及随之而来的杂乱)都会让土路变得令人难以置信地泥泞肮脏,所以城市的首要任务之一就是尽快为大街小巷铺上鹅卵石路面。城中的街道会用碎石或者砾石铺平,而街道中央通常还有一条排水沟,好让雨水流动并将污物冲走。在许多城市里,居民都须负责保持自家门前的街道清洁,并且充分加以维护;有的时候是每周维护一次,同时应向市议会报告街道受损或者排水不畅的情况。凡是没有管好自己那一摊子事情的人,都会收到巨额的罚款和大量的投诉。

中世纪的家庭里，每周需要处理的垃圾并没有我们如今这么多，因为当时的物品被反复利用和修修补补的频率要高得多，而那时也没有如今这么多的一次性包装或者需要购买的东西。厨房里的残羹剩饭可以喂牲畜，或者用作后院花园里的堆肥。破旧衣服可以用来做抹布或者修补衣物，甚至是编织成地毯，最后，它们还可以用于造纸。羊皮纸可以刮去上面的字迹，然后重复使用。破旧的陶器可以碾碎，用于填补路上的坑洞，或者用作需要建造的景观区域的填土（因此，如今我们仍然经常把垃圾场称为"填埋场"）。不过，尽管采取了这些再利用与回收利用的措施，城中也仍然会有垃圾需要处理。那么，这些垃圾又去哪里了呢？

信不信由您，中世纪的一些城市——比如伦敦——居然雇有专门的街道清洁工，定期为市民提供垃圾清理服务，就像如今一样。马车夫每个星期都会前来收集垃圾，将垃圾运到城市垃圾场去，城市的垃圾场一般设在城墙之内或者城墙外侧一个指定的区域。在拥有这种垃圾定期收集服务的城市里，居民家庭和商店店主都须为这种服务支付一小笔费用。在其他的城市里，居民则须负责把自家的垃圾送到垃圾场去，或者花钱请私人承包者代劳。一些城市甚至让市政官员在街道上巡查，确保人人都尽到了自己分内的责任。

自然，只要有机会，人们就会走一走"捷径"（这种现象，古今皆然）：中世纪留存下来的一些投诉与规章制度都表明，人们曾把垃圾倾倒在空地上，将垃圾推扫到邻居家的门前，甚至有些人原本是收了钱去清理垃圾的，结果却是一有机会就乱倾乱倒。这些法律文件存在的事实就表明，人们并不喜欢城市里到处都是垃圾，并且尤其不喜欢踩到垃圾。

人们驱赶着或者骑着走过街道的牲畜所拉的粪便，是一种可以用于菜园与农场的有益商品，因此人们会把街道上的畜粪收集起来，然后运到城外的农场去。将农产品运到城市里来的大车，经常也被用于将粪便运出城市，尽管这种情况无疑会让许多现代的城市居民感到恶心，但它实际上是一个十分聪明的主意。假如我们想一想，当时送进城里的大部分农产品都是用粪肥种植出来的，这个主意也就不会那么令人感到不安了。

当时的厕所怎么样呢？

我们普遍有一种印象，认为当时的人会从窗户中探出身去，把夜壶里的便溺倒到街上；不过，在可能有人行走的街道上抛掷垃圾，事实上是一件非常危险的事情。虽然液态垃圾的确可以倒在街上并且顺着水沟排走，但是没有哪个人会喜欢街上有固态垃圾，尤其是有人类的粪便。

对当时的许多房主而言，他们几乎是没有任何理由把夜壶里的粪便丢到窗外去的，因为住宅、商店通常都在其地窖或者后院里设有自己的厕所。许多家庭甚至有管道从宅子里面的衣帽间[1]通往一座公共厕所，不过那时的厕所不是像如今这样用水冲洗的。伦敦曾经有人投诉那些特别不文明的人，说他们将自家的厕所管道直接通到了位置较低的巷子里，可他们的做法绝对是没有获得批准的。事实上，我们之所以了解这些情况，完全是因为当时还就如何阻止他们进行过一场调查。无疑，人们很快就吸取了教训，不再走那些巷子，就像他们避开温彻斯特（Winchester）的那条"屎巷"（Shitelane）一样。

伦敦之类规模的城市都制定了严格的规章制度，规定了房主家的厕所可以建在哪里，以及应该如何建造。最简单的办法，就是把您家的厕所建在河上，那样一来，粪便就绝对不会越积越多——起码不会聚积在您自家的后院里。然而，随着城市发展和人口增加，这种办法开始变得难以为继，便逐渐在地方法规和罚款等措施的打击下被淘汰掉了。

大多数建在后院的厕所，都须进行一定的内层防渗处理，要么用木板，要么用石子，以尽量减少渗漏。自然，用石头建造的厕所最好，只是这种厕所的造价可能很高。有些人颇具创意，将一些大酒桶埋入地下，而不是雇人来筑出一层内壁，既节省了时

---

[1] 衣帽间（garderobe），中世纪的城堡或者大型住宅里的一种小房间，既可用于存放衣物和其他物品，也可当作私人厕所。

间，又节省了成本。然而，这些厕所最终还是需要由"掏粪工"（gongfermour）来清理，他们清淘厕所时会合乎情理地收取一笔高昂的费用，或者按照掏满的"桶数"收费。

假如家中的后院没建厕所，那么您可以去上公共厕所。公共厕所由一些慷慨的人士在其遗嘱中规定的遗赠或者由城市政府提供的资金建成，人人都可使用，其中一些地方甚至铺有地砖（很可能是为了方便打扫）。虽然这些公厕中没有隐私可言，也没有按照性别隔开，但它们既实用，又可用。由于有了这些公共厕所，中世纪的城镇居民都无法容忍那些在街道上随地大小便的人，只不过这种情况还是时有发生，就像如今一样。

修士们也明白一种体面的如厕系统的重要性。《圣加伦平面图》中勾勒的那座典型的修道院，要求其中有数量充足的厕所供修士、访客及仆役们的客人使用。所以，这个由300位修士组成的群体原本打算总共修建83间厕所，并且全都是用水将粪便冲走的。

假如有幸住在一座城堡里，那么您的套间里可能会有一个属于自己的独立厕所。这种厕所大体上是一间用石头砌成的小厕所，里面放有一条凿了一个洞的石凳，为了如厕舒适，石凳上面最好铺上一块木制板条或者一个马桶座圈。许多私厕里都配有小木架，人们可以将自己需要用来擦屁股的干草或者亚麻布片存放在上面，或者把蜡烛放在上面，同时还有一扇既能采光又能通风的窗户。至少有一座苏格兰城堡里的私厕窗户是内宽外窄，目的是防止夜间上厕所的人因为映出了人影而被箭矢射中。

许多奢华的城堡里，主厅外面甚至也建有一两间厕所，方便那些在城堡里用餐或者会客的人使用，比如伦敦塔（Tower of London）中的白塔（White Tower）就是如此。可惜的是，哪怕最奢华的私厕里也没有洗手池，只不过，假如主人足够体贴地提供了，而客人也觉得便后必须洗一洗的话，他就可以用厕所门外桌子上放着的水壶和脸盆来洗手。

城堡里的厕所往往建在护城河的上方或者城墙的外侧，以便不需要到城堡里面去集运粪便。这一点有利于城堡的防御，因为围攻者必须越过护城河，他们面临的确实是一项令人生厌的任务。然而，这种厕所的不利之处就在于，城墙外侧的任何一个洞——哪怕是最让人觉得恶心的厕洞——都是一个薄弱之处。约翰王就领教过这一点：法国士兵经由一间厕所的洞口偷偷潜入了加亚尔城堡[1]，让这位国王付出了巨大的代价。这才真叫一种肮脏

---

1 加亚尔城堡（Château Gaillard），如今法国诺曼底大区塞纳河畔的一座中世纪城堡兼军事要塞，由英国国王理查一世（Richard I，1157—1199）于1196年至1198年间兴建。1204年，法国士兵突袭了这座城堡，从而打破了英国对诺曼底的控制。

的计谋啊。

　　由于中世纪的欧洲人根本没有现代的清洁工具和清洁产品，当时的城市与百姓都不可能达到按照我们的标准来看的那种"干净"程度。尽管如此，根据他们在洗澡、洗衣服和清理垃圾等方面所做的努力与付出的时间，我们还是可以看出干净和卫生对他们很重要。他们都希望自己外表整洁、体味好闻并且拥有干净的环境，这些内容均有据可查，只是如今不知何故，中世纪的人对良好卫生的追求却仍然是一个肮脏的小秘密。

第二章

耕作、斋戒与盛宴

Chapter Two　　Farming, Fasting, Feasting

对于那些想要沉浸式地体验一下过去时光的人来说,最好的办法莫过于走进世界各地为数众多的主题餐厅之一,去享受一场中世纪的盛宴了。这种主题餐厅,会在一种热闹喧嚣、五彩缤纷的背景中为顾客提供食物和娱乐活动。用手指抓取简单的食物吃,对着表演者大笑大喊,让服务员端上更多的食物和酒水时对您显得毕恭毕敬,都会拉近您与中世纪世界的距离。不过,究竟能拉多近呢?

当时的人吃些什么?

中世纪的人所吃的食物,大多是由他们在离住处不太远的地方自家种植出来的，所以多由当地的植物和牲畜所组成。农民都在庄园主的农场里干活，他们要么是农奴，被合法地束缚在农场里，要么就是自由人，从领主那里租佃农场。当时的农民不但需要照管他们为了养活自己而种植的作物，还需要共同劳作，一起照管领主的庄稼，因为这是他们作为附庸的一种义务。毕竟，这种粮食可以在遭遇饥荒、举办宴会或者受到围攻的时候养活整个群体。

犁地耕田是由牛、马和人员组成的犁耕组来完成的，因为这种工作不但需要额外的人手来掌犁，还需要额外的人手来牵引牲畜。虽然12世纪以后重型轮式犁的普及让耕作变得较为轻松了，但这仍是一个漫长的过程，并且涉及群体中的每一个人。从播种到犁地、浇水、除草，再到照管牲畜，不论老幼，每个人都得参与其中；而到了收获季节，他们又会投入打谷、收割和搬运等工作当中。

> "英亩"[1] 这种计量单位源自盎格鲁-撒克逊人（Anglo-Saxon），指的是一组耕牛一天能犁耕的土地面积。

谷物在中世纪的人种植和所吃的粮食中占有很大的比重。当时的人吃的是小麦、燕麦和大麦，他们会把这些作物全都制成面包、面团、粥和蛋糕。浓汤（pottage）属于一种杂烩式的饭菜：

1　1英亩（acre）约合4 047平方米。

就是将您选择的一种谷物与剩下的肉汤、肉以及现有的其他食物混合起来，通常用作早餐，在开始一天的劳作之前填饱肚子。

在中世纪的欧洲，面包曾是一种至关重要的主食。比方说，每个修道士每天都能分到1/4个4磅[1]重的面包作为口粮，他们甚至请人制作了专门的砝码，以便确保人人都能获得自己应得的份额。当时的绝大多数面包都是黑面包，这是一种粗糙而密实的面包，在中世纪的整体饮食中占有很大的比重。在意大利、法国南部、西班牙和葡萄牙的山区，由于难以种植谷物，农民吃的甚至是栗子做的面包。当时的人已经知道如何做白面包了，但制作白面包需要用到精白面粉，这就意味着白面包是专供富人享用的。

只要有机会，人们就会把各种谷物送到水力磨坊里去磨成面粉。那些磨坊，一般都为当地的领主或者修道院所有。人们会把一袋袋谷物存放在磨坊里，过后再去取回他们的面粉。由于磨石上自然脱落的沙砾经常混入面粉当中（或者是无良的磨坊主为了掩盖其偷窃行径而将沙子掺入面粉当中），因此几乎不间断地食用面包对中世纪人们的牙齿造成了严重磨损，将他们臼齿上的突起都磨平了。

其他植物在中世纪的饮食中也占有很大比重，其中包括了我们如今仅仅视为调味品的一些东西，比如青蒜、洋葱和大蒜。菜

---

[1] 1磅（pound）约合0.453 6千克。

豆、扁豆和豆类蔬菜为当时饮食中匮乏肉类的人提供了蛋白质，而苹果、梨、柑橘类水果（取决于您生活在哪里）和其他的蔬果则为人们提供了各种维生素。农村与城市的菜园里，都种植着蔬菜与药草。

无论是农民还是城市居民，中世纪的人大多饲养着某种家畜，因此他们很容易获得蛋类和乳制品，包括黄油、牛奶和奶酪。由于没有冷藏设备，牛奶与黄油往往属于季节性产品，而奶酪的保质期则要长久得多。面包与奶酪相搭配，就是一顿美味可口、便于携带的中世纪午餐了。

由于宗教上的限制，当时占人口绝大多数的基督徒在很多日子里——包括平时的每个星期五在内——都是不被允许吃肉的。在那些日子里，鱼就成了人们摄取蛋白质的主要来源，其中既有捕自大海里的鱼，也有来自欧洲纵横密布的诸多河流中的鱼。结果，捕鱼业就成了当时一个庞大的行业，而鱼栅的放置、渔网的使用也带来了极大的麻烦，以至于在泰晤士河上限制使用鱼栅、渔网的规定居然写入了《大宪章》[1]这份法律文本的典范里。我们在中世纪人们的饮食中可以看到品种丰富的鱼类，包括鳟鱼、鲑

---

[1] 《大宪章》(Magna Carta)，英国封建时期的重要宪法性文件之一，1215年6月15日由约翰王在大封建领主、教士、骑士和城市市民的联合施压之下被迫签署。该文件把王权限制在了法律之下，确立了私有财产和人身自由不可随意侵犯的原则，亦称《自由大宪章》。

鱼、鲱鱼、鳎鱼、鲭鱼和梭子鱼。

现代的人在书籍里和银幕上演绎中世纪的盛宴时，往往以大量的肉类为特色，这当然有可能是事实，其取决于宴会举办者的富裕程度。然而，真正的中世纪盛宴上不会有巨大的火鸡腿，因为火鸡来自当时还没有被"发现"的美洲（除了几处废弃了的维京人定居点）。顺便提一句，番茄、土豆、甜玉米和巧克力也是如此。

当时只要是弄得到手，人们就会尽情享用各种各样的肉类，从他们熟悉的牛肉、鸡肉、羊肉和猪肉等食材，到鹿肉、兔子、野猪和松鼠之类的野味，最后到像鸽子、云雀、天鹅，甚至是孔雀等更多意想不到的肉类，莫不如此。与如今一样，当时烹饪肉类的方法可能也多种多样，从味道鲜美的肉汤和炖肉，到鲜嫩多汁的烤肉，再到人们可以从街头摊贩处买到的美味肉饼与肉酱，不一而足。

人人都在家中做饭吗？

尽管各家各户都有一个生火的地方，要么是一座中央灶台，要么就是（后来的）壁炉，但有些人的家里既没有空间，也没有设备来建造专门的厨房，因为这取决于他们的经济条件。对这些人来说，除了简单地用锅子烹煮或者用叉子烤制，其他任何一种较为复杂的烹饪方式都需要去面包房，或者使用市镇、当地领主或附近修道院拥有的公共烤炉才做得到。就连家中建有厨房的人也会使用公共烤炉，尤其是在他们需要烹制大量或者多种菜品的时候。在勒·梅那吉尔·德·帕里斯那份烹制"北欧肉饼"（Norse Pasties）的食谱中，他就明确指出"糕点师会把生的面团送到烘焙店里去"。

修道院与城堡里要养活许多的人，所以它们一般都有自己的厨房与烤面包房；不过，由于有可能引发火灾，因此这种厨房与烤面包房通常也会与其中的主要建筑物隔离开来。烘焙的时候，人们会将一座小型的石头围炉加热到高温，然后迅速撤走炭火，放入面团或面糊。人们需要那种巨大的火炉，才能烤制出足够一座城堡或者一群修士、修女所吃的肉食，并且需要的常常不止一座。如果再加上烹制酱汁和开胃菜品所需的炉灶，那么中世纪的厨房确实就会变成一个十分炎热和危险重重的地方。

> 中世纪的烤炉里烘制出来的面包，底部都会沾有灰尘，因为面包是直接放在一块用火加热的石头上烤制的。正因为如此，中世纪的上流食客都不会吃下半部分的面包，而是更愿意吃面包的上半部分。

对于城市里的人而言，快餐也是一种选择。面包店和街头摊贩出售面包、馅饼和酥饼，供忙忙碌碌的人作快餐吃，或者出售烤肉，让人们带回家去。小酒馆和客栈里则提供热饭、热菜和味道可口的酒水。与如今一样，这些食物的价格都比较昂贵，但对那些没有时间或者没有条件在家里做饭的人来说，它们有时却是唯一的选择。在一个没有冰箱的年代，人们会经常到市场上去买东西，而快餐可能也像现在一样，是冲动消费时一种颇具诱惑力的选择。

当时的食物不是全都清淡无味吗？

尽管以手头可用的食材按照不同的组合烹饪出同一种食物来吃，确实会让人觉得厌烦，但这并不是说食物本身就是清淡无味的。当时农民可以获得的大部分调味品，如今依然经常在调味品货架上占有重要的地位，比如古人最喜欢的欧芹、鼠尾草、迷迭香和百里香，以及罗勒、牛至、大蒜和香葱。现代成千上万种在线食谱中都有这些调味品的身影则说明，仅用这些调味品就可以烹制出无数种有趣的菜肴来。

当时的有钱人还可以买到产自遥远之地的调味品，并以不同的组合方式将它们混合起来，虽然这些制品在如今看起来有可能很古怪，但它们的美味程度并不会因为我们不熟悉而有所减损。胡椒、肉桂、生姜、肉豆蔻、小茴香和丁香都是当时食谱书籍中的常见配料，不过，它们被列入（本身就是一种高价商品的）书籍当中就表明，用到这些配料的都是较为富裕的家庭而非农民家庭。中世纪烹饪中经常提及的两种配料，就是"甜味粉"（poudre douce）和"浓味粉"（poudre fort），它们都属于一种可以混合使用的香料组合，就像我们可以在一份现代食谱中将"南瓜香料"

（pumpkin spice）列为一种配料一样。虽说组合方式各不相同，但"甜味粉"中可能含有如今我们仍在用于南瓜饼中的一些香料（比如肉桂、丁香、生姜和食糖），而"浓味粉"中也会含有许多相同的配料，同时添加了胡椒。人们之所以可以在食谱中使用像"甜味粉"之类的简写，则应归功于当时有了一条条漫长而复杂的贸易线路。

那时的贸易线路有多远呢？

虽然人们普遍认为中世纪的欧洲是一个与世隔绝的安全之地（可能只有"圣地"[1]除外），但中世纪的贸易线路却很漫长，足以让在爱尔兰的人买到产自中国的丝绸，或者买到产自非洲、印度等遥远之地的香料与染料。如此远距离地运输奢侈品的成本很高，因此处于社会底层的人根本买不起，可对于那些既喜欢价格昂贵的物品又想体验异国情调的人来说，这种贸易网络绝对是为他们服务的。

同样，即便是在中世纪早期的北欧地区，椰杯（coconut cups）以及用象牙制成的梳子、盒子和棋子也并不罕见。其他一些更加普通的商品，比如制作布匹染料所需的明矾，也完全依赖于这些贸易网络来提供。香料与丝绸是最受欢迎的西行商品［所

---

1 圣地（Holy Land），指耶路撒冷，以及周边的巴勒斯坦。

以，从亚洲到欧洲的那条主要贸易线路被称为"丝绸之路"（Silk Road）是有原因的]，但与此同时，技术与知识也随着奢侈商品一起进行着双向流动。

欧洲人与不同的文化进行了很多接触吗？

是的。中世纪欧洲的多元化，远远超过了对中世纪进行过许多早期学术研究的维多利亚时代之人[1]所认为的那种程度。对一些手稿中所附的插图进行调查就会发现，当时既有白种人，也有皮肤为黑色和棕色、头发鬈曲且戴着头巾的人。有时，这些人注定会是欧洲白人的敌人，但很多时候并非如此。由于有罗马帝国留下来的遗产，有中世纪早期持续不断的奴隶贸易，以及大陆之间的贸易与朝圣路线，所以欧洲那些大型的城市中心与港口城市里的人看到各种各样的面孔时，应该是不会感到震惊的。

当时的王室成员婚配时，往往也是跨越国界联姻，目的则是建立、改善或者巩固本国与其他国家之间的关系。新娘会从家乡带来许多的随从人员，他们会在新的家乡进行族际通婚。他们还带来了新的贸易关系，这意味着本国与新娘的祖国及其文化之间的接触也增加了。

---

[1] 维多利亚时代之人（Victorians），指英国女王维多利亚（Alexandrina Victoria，1837—1901年在位）统治时期的人。维多利亚时代是英国工业革命和大英帝国的峰端和黄金时代。

不同的群体以这样或那样的方式融合之后,他们的文化、时尚、娱乐与饮食也融合了起来。比方说,若是没有在国外的游历与贸易,欧洲人永远都不会知道食糖为何物。由此可见,与邻为善确实能够带来甜蜜的回报。

当时的人喝些什么?

在中世纪的城市里和城市周边,有些水应该是不能饮用的,因为受到了厕所、牲畜、洗衣、漂洗与鞣革等方面的污染。然而,如今的人所普遍认为的当时事实上是没人喝水的,却是一种荒谬的观点。在中世纪的欧洲各地,人们都曾打井来为自己提供饮用、烹饪、洗刷与浇灌庭园所需的用水。城市会为市民提供中央喷泉与水井,有时还会通过铅管从城外的水源地引水。尤其是在城堡里,打井是其首要任务之一,因为遭到围攻的时候,困在城堡防护墙之内的人若是没有水源,几天之内就会死去。除了水井和蓄水池,人们还将屋顶上的雨水导入桶中储存起来,从最小的家庭到最大的城堡都是如此。

在其《医典》(*Canon of Medicine*)一作中,名医阿维森纳[英文名为"Avicenna",原名则是阿布·阿里·侯赛因·伊本·阿卜杜拉·伊本·西那(Abū Alī al-Husain ibn Abdullāh ibn Sīnā)]曾就哪种水源最佳以及如何让水干净到可以饮用两个方面,给出了一些不错的建议。他说持续流动且有阳光照射的水优于静止不动的死水,并且(睿智地)声称"质量最差的一种就是用铅管输送的水"。在一段简直就像引自一部现代生存指南的话里,阿维森纳还指出,"水质可以通过煮沸和蒸馏或者烹煮来加以改善"("最佳的办法就是蒸馏")。他建议在有条件的情况下将水过滤:要么让水通过一种"毛芯"(wool wick),从一个容器流到另一个容器里,要么就是将水与羊毛一起煮,再将水拧出来,或者往水里混入烧焦的黏土,然后进行过滤。然而,他在水的问题上最重要的一条建议或许就是:"饮用(来源不明的)水之前必须进行过滤,防止将水蛭喝入体内。"

另一种几乎人人都喝的饮料——连儿童也不例外——就是麦芽酒。在中世纪,家酿麦芽酒是一种真正的家庭产品:它并非作坊酿制,通常都是人们在家里酿造出来的。中世纪的妇女就是家庭酿酒师,她们会为自家酿造一批又一批的麦芽酒,并且在市场上出售富余的麦芽酒,从而获得额外的收入。需要酿造大量麦芽酒(供应给小酒馆和客栈等地)的职业酿酒师确实往往都是男性,就像中世纪的职业人士大多为男性一样。在那个时期的大部分时间里,人们主要饮用麦芽酒;只不过,到了中世纪晚期,用啤酒花酿造出来的啤酒也开始在欧洲各地流行开来了。

当时,连修道院的修士们也会酿造麦芽酒供自己饮用,他们还将自家蜂箱里所产的蜂蜜发酵,制成蜂蜜酒,用于饮用与出售。修道院的果园里出产大量的苹果,是一个酿造苹果酒的好地方，而修士们精心照管的葡萄园，也提供了酿造葡萄酒所用的葡萄。

尽管我们知道英格兰在中世纪的某个时期就已开始种植葡萄，但最上等的葡萄酒却产自欧洲南部，比如法国、意大利、西班牙和葡萄牙。红葡萄酒曾经极受欢迎，连那时的人也知道它对人体健康大有好处，所以人们整天饮用。只不过，阿维森纳对此却嗤之以鼻："聪明人不会早上起来第一件事情就是喝酒。"通常情况下——尤其是在早上——人们都会往葡萄酒里掺水，来稀释其中的酒精含量。

葡萄酒在上等阶层中尤受欢迎，好的酒窖曾经是他们家业兴旺与热情好客的标志，而家业兴旺与热情好客又是具有豪侠之气的领主与贵妇必备的两大特点。贵族们不但会大量饮用葡萄酒，还会成罐成桶地将葡萄酒送人，有时还把葡萄酒当成支付给忠心下属的薪资，比方说杰弗里·乔叟[1]就曾有过这种经历。我们很难说，身为一名葡萄酒商的儿子且曾经因为抱怨贫穷而变得声名狼藉的乔叟，当时究竟有没有对自己获得的薪资是葡萄酒而非现金这一点留下深刻的印象。

---

1 杰弗里·乔叟（Geoffrey Chaucer，1340 或 1343—1400），14 世纪的英国小说家兼诗人，著有诗体小说《坎特伯雷故事集》(*The Canterbury Tales*)等作品，年轻时曾担任英王爱德华的儿子莱昂内尔亲王及其夫人伊丽莎白的少年侍从。

他们经常喝醉吗？

幸好，人们经常饮用的是一种所谓的"小麦芽酒"，其中的酒精含量较低，同时他们也确实会往酒里兑水。尽管如此，据当时留下的法律文件来看，醉酒者总体来说相当多，这种情况似乎就是当时犯罪现象层出不穷的原因。

当时的人都认为醉酒本身是有罪的，因为醉酒就是暴饮暴食的证据。有一份7世纪的史料，如今称为《西奥多的忏悔》（*Theodore's Penitential*），它是一部对忏悔每一种罪过的正确方法进行概述的作品，其中特别关注了醉酒导致的呕吐问题，并且规定修士应当为此忏悔30天，"长老或者执事"应当忏悔40天，"在俗基督徒"当为15天，其他的人则应忏悔3天。如果将圣饼吐了出来，就应当忏悔7天，除非是真的生了病（而不仅仅是喝醉了酒）。西奥多确实认识到有的时候醉酒完全是无心之失，因此他还体贴地为这些准则指出了一些例外情况：

> 如果（呕吐）是因为身体虚弱，或者是因为（饮酒者）长期节制而不再习惯于多喝多吃；如果是在圣诞节、复活节或者纪念其他圣徒的节日里出于高兴而喝酒，并且其时所饮并未超过长者吩咐的量，那就不算犯有罪过。

考虑到中世纪的日历中有大量纪念圣徒的节日，所以我们不难想见,当时肯定有许多修士试图以"过度高兴"为由来免于进行忏悔。

可惜的是,中世纪的欧洲人还没有可以在某种程度上缓解宿醉症状的咖啡可喝,因为即便是在中东地区,人们也到15世纪才开始喝咖啡,而咖啡也是在此后才开始慢慢地传入欧洲的。红茶也是如此。当时的人确实喝过其他的茶,即热的草药饮料,只不过他们喝的并非我们熟悉且含有令人愉快的咖啡因的茶罢了——现代人都极其喜爱与渴望饮用后面这种茶——尤其是他们在城里度过了一个狂欢之夜以后。

是否人人都准备度过一个令人兴奋的酩酊之夜呢?

不是的。对中世纪的欧洲人而言,食物与饮品既是维生所需,也是宗教活动的一部分。虔诚的犹太教徒和穆斯林在饮食方面都遵循着一些沿用至今的相同方针,通过委托本群体中的成员来恰当地烹制饮食,从而确保他们所吃的食物符合犹太教的教规或者符合伊斯兰教的教规。虽然中世纪的基督徒在烹制食物方面没有什么宗教准则,但正如我们在前文中看到的那样,他们在某些时候是不许吃肉的。

《圣本笃会规》中明确规定的修道准则,对修士们什么时候可以吃饭、吃什么以及吃多少等方面的要求都相当严格。圣本笃建议每天吃两顿饭,早、晚各吃一顿,且每顿只吃两道菜,除非是对病后的身体康复至关重要,否则任何修士都不得吃"四足动物的肉"。然而,儿童和老人在必要的情况下是可以提前吃饭的。为防有人"发牢骚或者受苦",圣本笃还允许那些在用餐期间端饭、端菜和大声诵读经文的修士提前一个小时额外吃点面包、喝点饮料(他们会在其他修士吃完之后再去饱吃一顿),而诵读经文的修士在开始诵读之前也可以喝点兑了水的葡萄酒。

> 由于修士、修女们在吃饭的时候不被允许说话,因此他们发明了一些手势来表达自己的需求,比如将三指并拢摇一摇,表示他们需要食盐。

尽管圣本笃对这些特定的、饿着肚皮的人大发慈悲,但对绝大多数虔诚的基督徒来说,斋戒却是他们生活中常见的一个组成部分。除了在某些日子里绝对不得吃肉的规定,基督徒还受到鼓励,要在一年当中的某些时候进行斋戒,或者把斋戒当成忏悔罪过的方式,其间只吃面包和水,或者干脆什么都不吃。

在圣弗朗西斯[1]制定的会规中,他要求手下的修士从万圣节

---

[1] 圣弗朗西斯(St Francis,1182—1226),全名亚西西的圣弗朗西斯(Saint Francis of Assisi),因其意大利名为San Francesco di Assisi,故如今多称"圣方济各"。他是天主教"方济各会"(亦称"小兄弟会")和"方济各女修会"的创始人,被尊为动物、商人、天主教教会运动和自然环境的守护圣人。

（即 11 月 1 日）到圣诞节期间以及每个星期五都进行斋戒，而若是愿意的话，修士们在整个大斋节[1]期间都可以斋戒。基督降临期[2]与大斋节的持续时间都很久，所以圣弗朗西斯的意思很可能是在这些情况下应当严格限制饮食，比如忏悔者有时会被禁止吃面包和喝水。由于方济各会修士（Franciscans）通常都是托钵修士[3]，即他们会到处游历、布道传教，因此圣弗朗西斯承认："他们所享用的摆到自己面前的所有饭菜都是合法的。"无疑，当时有些不招人待见的修士充分利用了这一点，专捡吃饭的时间跑到人们的家里去。本笃会修士（Benedictines）却不被允许在修道院以外的地方就餐，除非他们是在长途旅行的途中，因此，他们有可能发现自己要受人欢迎得多呢。

一场盛宴是个什么样子？

中世纪的宴席场面壮观，旨在同时为数百人提供食物与娱乐活动。宴席以有多道菜肴为特点，从开胃小菜到甜食，其中的每一道菜都是为了让食客们觉得眼花缭乱，感受到主人的慷慨与

---

1 大斋节（Lent），基督教的一个斋戒期，从圣灰节（复活节前第七周的星期三）一直持续到复活节的前一日，总计 40 天，因此亦称"四旬斋""封斋节"等。
2 基督降临期（Advent），基督教中的一个节期，为圣诞节前第四个星期的星期日至圣诞节。
3 托钵修士（mendicant friar），亦称化缘修士、募缘修士、行乞修士等。

富有。

我们在现代宴席上常用的座次安排沿袭了中世纪的传统，即有一张主桌，其他桌子则按重要程度依次排列。通常情况下，主人夫妇会陪着最重要的客人一起坐在设于一处高台之上的主桌。这些重要人物全都会坐在餐桌的同一侧，面对着大厅里的其他人。这样一来，大家都看得到他们了。其余客人则会坐在垂直于主桌的一张张长桌旁，最重要的客人坐得离主桌最近，其他每一个人都会按照各自的地位，从高到低地依次就座。

大厅里用来吃饭的桌子通常都是搁板桌，是将一些长木板搁在与如今的锯木架相类似的东西上搭成的。食客们一起坐在长凳上，只不过坐主桌的上层人士可能有自己的椅子，甚至可能有靠垫。这种安排让人们在不吃饭的时候可以轻松地移动家具，从而让大厅全天都能发挥出其他的功能。中世纪早期的大厅都有一座中央火炉，屋顶上则有一个可以排出烟雾的洞，但随着时间推移，人们在大厅中筑起了壁炉，通常都建在那个平台的后面，并且整个大厅里每隔一段距离就建有一座（这一点取决于屋主的富裕程度）。如有富余空间，用餐时大厅中央就会留出空间来提供娱乐节目。许多富裕的主人家还在大厅上方建有乐师所用的长廊，这样不用牺牲地面上的空间，宾客们在整个宴席期间就能欣赏到音乐了。乐师长廊也是一个安置号手的理想之地，因为重要客人入场或者每上一道菜的时候，号手都得吹响喇叭进行宣告。

通常来说，两名食客会共用一个碟子或者食盘。食盘由一块不新鲜的厚面包制成，用作碟子，它既能有效地吸收饭菜中的油脂与酱汁，同时很实惠。对于有40人就餐的一顿饭，勒·梅那吉尔·德·帕里斯建议购买"3打长半英尺、宽和高各为4指的糙面食盘面包[1]，提前4天烤制"，好让它们具有所需的那种严格的陈腐感。他还建议安排两名侍者来为宴席做准备，"他们会将面包皮切下来，制作成面包食盘和盐瓶"。他们还是"把食盐、（吃的）面包以及食盘送到餐桌上"的人。

把食盘吃掉，会被人们视为一种极其无礼而粗野的行为。相反，应当在用餐结束时，把食盘丢到一个剩饭桶里，侍者会提着剩饭桶在大厅里穿梭。过后，剩饭剩菜就可以用来喂狗、喂猪，或者施舍给穷人去吃。

他们真的是用双手抓着饭菜吃吗？

是的，上至国王、下至最底层的农奴，都是如此。虽然每位食客都在腰带上挂着自己用于吃饭的小刀，用它来切肉或者将菜肴分开，但人们实际上不会**吃**餐刀上的饭菜，除非他们是极其粗野无礼的人。人们就餐时，既会用勺子来盛汤羹和酱汁，也会用

---

[1] 英尺（foot），英制长度单位，1英尺合0.304 8米。指（finger），多指"指宽"。根据换算，这种食盘面包长约15厘米、宽与高各约8厘米。

勺子吃东西。然而，除了中世纪晚期的意大利与拜占庭帝国，中世纪欧洲大部分地区的人都不使用叉子。哪怕是到了中世纪以后，欧洲大部分地区的人也仍然认为叉子既古怪又可笑。虽然当时的人都用叉子烹制食物，他们却不用叉子来吃饭。

除了维京人声名赫赫的角杯，当时普通的杯子与高脚杯都可以用木材、陶瓷、皮革、贵重金属，甚或是吹制玻璃等材料制成。就像桌上所有的其他餐具一样，杯子与高脚杯也包罗万象，从简单朴素的杯子到精心雕制、彩绘、上釉或者镀金的杯子一应俱全。食客会与用餐伙伴共享杯子，就像他们共享餐盘那样。

您越是富有——或者说越是希望自己显得富有，您举办宴会时提供的餐具就越华贵，这一点并不奇怪。富人有可能用金盘银碟搭配镀金的高脚杯和银制的勺子，而不用面包食盘。有些人是特意购买价格昂贵的餐具，因为在需要快速投入资金的时候，这些餐具可以轻而易举地出售、交易、熔化，或者用作抵押品。

由于一场宴会旨在为主人家的家人、宾客、租户及手下人员提供饮食，让他们尽情吃喝，同时炫耀主人的慷慨与富有，因此需要用到大量的食物。勒·梅那吉尔·德·帕里斯对此进行过估算：

> 贝利主教（Monseigneur de Berry）手下的人说，每逢星期天和举办盛大的宴会，他们都需要宰杀3头肉牛、30

只绵羊、160 打鹧鸪，兔子则是需要多少用多少。……无疑，举办盛宴的时候和每个星期天、星期四都是如此，但其他日子里通常只需宰杀 2 头肉牛和 20 只绵羊。

勒·梅那吉尔还向我们介绍了当时为尊贵客人布置餐桌时需要用到的东西，包括桌布、餐具、水壶、香料碟子、盐瓶，以及"装饰性的绿植"。除了桌布，主人还需要提供其他的织物制品，包括餐巾和饭前饭后用于洗手、擦手的毛巾。

当时的人讲究餐桌礼仪吗？

观看一部以中世纪为背景的现代电影，可能会让观众以为中世纪的人根本没有什么餐桌礼仪，可实际情况完全不是这样的。当时不但有关于人们应该坐在哪里、与谁坐在一起的规矩，还有诸多的礼仪准则需要遵守。

由于食盐是一种价格昂贵的商品，因此坐在盐瓶旁边就成了有威望的标志。重要人物坐在"盐瓶上首"，不那么重要的人则坐在"盐瓶下首"。为了进一步彰显与食盐相关的社会地位与财富，中世纪的盐瓶曾经属于饭桌上制作最为精良、价格也最昂贵的餐具之一。法国 13 世纪的一个盐瓶，外形是一条位于底座上的小船。它用黄金和水晶制成，上面还装点着翡翠、珍珠和红宝石。难怪，当时只有值得信赖的人才可以坐在它的旁边。

共用食盘和杯子意味着食客们可以近距离地仔细观察其同伴的用餐习惯,因此中世纪的餐桌礼仪大多会替同餐者着想。把盘子里最好的食物分给同伴,确保从共用的杯中喝酒之前擦净自己的嘴巴,不要在就餐时进行梳洗打扮,都属于礼貌之举。

13世纪的一首诗作中阐述了这方面的几条重要准则,而对那些带着年幼孩子的父母来说,其中有些准则听起来还会特别熟悉:

> 做完祷告之前,谁也不应进食,
>
> 除了宴会主人指定的座位,不该坐于别的位置。
>
> 在菜肴送到您的面前之前,不应去吃,
>
> 手指当保持干净,指甲当修剪整齐。
>
> 一旦碰过食物,就不该再将它放回盘里。
>
> 不得用手触碰耳朵或者鼻子。
>
> 吃饭时不要用尖锐的铁器剔牙齿。
>
> 不得将食物伸进盐瓶去碰触食盐(即不可用食物蘸取食盐)。
>
> 尽量……不要在就餐时打嗝嗳气。
>
> 当知肘部不得放于餐桌之上。
>
> 规矩所定,不应以盘子触嘴(即应从自己的碗中饮用酒水)。

若要喝水，必先咽下口中之食，

又须先（用餐巾）擦净嘴唇。

还须指出，不该用牙齿啃啮骨头。……

餐桌清理干净之后当先洗手，再饮上一杯。

虽然最后一句听上去差不多像是就餐者因为努力通过了一场考验而奖赏自己似的，但餐桌礼仪应该是中世纪就餐者的第二天性，就像餐桌礼仪成了我们的第二天性一样。

他们吃甜点吗？

吃啊。虽然食糖在中世纪的欧洲相对稀缺，但这一点并不意味着当时的人就不吃甜点。勒·梅那吉尔·德·帕里斯列出了许多美味的甜食，比如姜饼、糖渍橙皮、玫瑰糖和蜜饯。以《圣经》里或神话中的人物为造型的馅饼、甜饼、杏仁糖和饼干不但让人人都觉得开心，也会是一场宴会上给人留下最深刻印象的食物。

中世纪的宴会上，场面最为壮观的（与食物有关的）场景应该就是"附加菜"（*entremets*）或者"小甜点"（sotelties）了，它们是烹饪技艺的精心展示，标志着一道道新的主菜开始上桌。在这种时候，侍者会将（重新）披上全身羽毛的孔雀或者天鹅端上桌来，或者把一道"鸡身蛇尾菜"，也就是将一只小鸡或者阉鸡的上半身缝在一头猪的两条后腿上，大张旗鼓地呈上来。尽管"附加菜"出现在两道主菜**之间**（entre），但一些最令人惊叹的"附加菜"却会留到宴会结束的时候才上桌。

有些看似号称"甜食"的"小甜点"无疑一点儿也不含蓄，反而壮观得令人难以置信。[1] 由于当时制作墨水的许多植物都是可以食用的，因此厨师们可以创造出一件件与宴会主题相得益彰的全彩杰作，有时甚至还会用金箔或者银箔来为它们增色。在15世纪早期一场引人注目的婚礼上，每一位宾客居然都吃到了用他们自家的纹章图案装饰着的个人专享馅饼。另一场婚礼的特色则是一座令人瞠目结舌的"爱情城堡"（Castle of Love），上面有一口葡萄酒喷泉、几只完全煮熟并且经过了加工的动物（包括一个野猪头和一只天鹅），还有4位进行现场演奏的乐师，而且，这些东西全都融合进了一个巨大的食物结构中，其所描绘的是被包围的场景。中世纪的"小甜点"，完全足以让现代最令人钦佩的真人秀选手自惭形秽。

当时也并非只在举办这种婚礼的时候才有美味佳肴来让食客们眼花缭乱、大快朵颐。您在长大的过程中，也许听过《唱一首六便士之歌》（"Sing a Song of Sixpence"）这首童谣，其中颇具

---

[1] "小甜点"（sotelties）一词在英语里也拼作"subtilty"，它与"含蓄，微妙"（现多拼作"subtlety"）是同一个词，故作者才有此说。

特色的一句就是"一个馅饼里烤着24只画眉鸟"。据说切开馅饼之后，里面的小鸟居然神奇地为国王鸣唱起来。虽然这种说法听起来像是无稽之谈，可在中世纪的许多宴会上，厨师确实曾将馅饼皮烤好，然后塞入某种令人惊奇的东西，比如小鸟或者杂技演员——后者会在预定的时刻"破饼而出"，让所有宾客大饱眼福。

这是不是有些不卫生呢？

我们在第一章中已经看到，由于细菌理论当时还没有被提出来，因此中世纪的卫生标准与现代的卫生标准并不相同。尽管人们希望吃饭时保持洁净、希望吃到干净的食物，但他们也极不愿意浪费那些没有必要扔掉的食物。考虑到将任何一种食物送到餐桌上都需要经历一个多么漫长而艰难的过程，这种做法就自有其道理了。

虽然人们应该做出了一切努力来达到当时的卫生标准，比如食物中不能有明显的污物，但《西奥多的忏悔》一作中却有几个章节，考虑到了当时通常都不会受到鼓励的一些做法。西奥多指出：

> 一个人若是吃了不干净的肉或者吃了已经被野兽撕咬过的动物尸体，就应忏悔40天。不过，若是出于饥饿而不得不吃，那就不算罪过，因为可以允许的行为是一回事，饥饿

所需的必要之举则是另一回事。

他还指出了一些类似的例外情况,比如不小心吃了不干净的动物肉,或者吃了不小心被"没洗手的人"、动物、血液"或者任何不洁净之物"接触过的食物。

假如注意到有什么东西污染了您的食物,您也可以遵循西奥多提出的那条"5 秒钟"准则:

> 假如老鼠掉入了液体当中,应把它取出来并给液体洒上圣水。若是老鼠还活着,就可以将液体拿去(食用);假如老鼠死了,所有液体就应倒掉,不得再给人去饮用,而容器也应进行清洗。

您若是出于需要,仍然必须使用这种液体,那也没有什么问题,只是这种做法并不可取罢了。不过,并非所有情况下您都必须把液体倒掉:

> 若有鸟粪掉进液体里,当把鸟粪清除,并且用(圣)水对液体加以净化,如此就是洁净之食了。

很显然,中世纪的食物并非总是能够达到现代的卫生检查标准，尽管同样明显的是，当时的人确实也曾努力保持食物的清洁。

我们已经看到，中世纪的人曾有各种丰富而有趣的食物可吃（连农民也不例外），就算他们不可能在相同的地方或者在相同的时间获得所有的食物。尽管与现代人不断在晚餐音乐会上享受到的食物相比，一场真正的中世纪盛宴上的食物在味道上不太一样，但那种食物应该是美味而丰盛的，能给人带来视觉和味觉的双重享受，同时还有与之相称的餐桌礼仪与桌布。至于那些对孔雀或者肉桂加胡椒之类的陌生口味不感兴趣的人，或许最重要的一点莫过于这个：假如您会穿越时光，回到中世纪，那就不妨带上一个三明治，并且将您的杯子盖好。

第三章

爱的艺术

Chapter Three　The Art of Love

要说除了食物,世间还有哪一种东西更受中世纪的人青睐,那就是爱情了。从定情信物到故事,再到整部整部的指导书籍,欧洲人曾经痴迷于为彼此疯狂。

尽管人们如今普遍认为,中世纪的人通常都是困在没有爱情的婚姻围城里,他们生下了子女,可在孩子安然度过婴儿期的各种危险之前,他们却不允许自己去爱孩子,不过,当时的真实情况其实会让我们觉得熟悉得多。有人因为爱情而步入了婚姻的殿堂,有人则是为了获得安全保障而结了婚;有人极其疼爱自己的孩子,有人却与子女没有太多瓜葛;有人的婚姻韵事不断,有人却只是做一做婚外情的梦罢了;有人婚后数十载相濡以沫,然后永远缅怀着离世的配偶，还有一些人之所以几十年不离不弃，却只是因为这样干在经济上合算。过去之人的爱与如今无异，同样美妙、痛苦、神奇而令人心碎。

中世纪的人约会吗？

当然，只是不像我们如今这样私密罢了。当时的情侣会一起外出到公共场所游玩，因为在那种地方，他们可以一直处在监护人的小心注视之下。年轻人的爱与性是各家各户都须密切关注的一个问题，因为当时不论结果是祸是福，都有很多的机会让他们坠入爱河。许多（就算不是大多数）商人都会让十几岁的学徒跟他们住在一起，这让学徒可以密切接近他们的女儿；同时，十几岁的姑娘在婚前常常也从事着家庭佣仆的工作，从而让她们与雇主的家庭之间有了密切的接触。即便在农村地区，十几岁的少男少女也是人们身边一对额外的有力帮手，因此年轻男女经常会结伴往返于双方家的农场上。近距离接触一直都是爱情中的一个关键因素，所以中世纪一位少男或少女的初恋情人，是他或她在生活或者工作环境下偶然遇到的某个人，就是一件不足为奇的事情了。

对贵族来说，为了培养儿子的骑士精神，传统上他们会把儿子从七八岁起就送到其他贵族家庭中去抚养长大，因此，在贵族家庭中的这种年轻侍从就有可能让贵族的女儿心猿意马，或者他会对这家的女儿想入非非。假如双方的父母早已有意于两家联姻，那就有可能是一桩好事了，因为这种情况给了两位年轻人一个机会，让他们可以在一种相对温和的气氛中去了解彼此。可另一方面，并不合适的一对男女之间若是产生了爱情，就有可能给那些已将孩子许配给了别家的人带来极大的麻烦。

我们都知道，进入婚姻市场并不是年轻人的专利，当时，许多的鳏夫、寡妇也在期待着找到爱情、安全保障、伴侣，或者找到能够和睦相处的另一半。中世纪的单身人士有很多的交际场所，包括集市、教堂、节庆活动，而对那些足够富有的人来说，他们还可以参加狩猎聚会。骑士比武大会是各个阶层的人都可以结识同龄人和打情骂俏的另一个场所，其间产生的爱情曾经得到了人们的赞美和颂扬。这些地方都为人们提供了机会，使之可以获得更多的交谈自由，同时还能体面地引起别人的注意。

假如两个人对彼此都有好感，他们就可以交换爱情信物与礼物，把它们当作表达爱意的标志或者嫁娶的诺言。在其《宫廷爱情的艺术》（*The Art of Courtly Love*）一作中，安德里亚斯·卡佩拉努斯（Andreas Capellanus，意思就是"安德里亚斯牧师"）写道：

> 恋爱中的女性可以自由地接受恋人的下述礼物：手帕、

发带、金银手镯、胸针、镜子、腰带、钱包、流苏、梳子、袖套、手套、戒指、粉盒、画像、脸盆、小餐具、盘子、作为纪念品的徽标，（或者）任何一件可用于个人护理、赏心悦目或可以唤起她对爱人的思念之情的小礼物，只要她在接受礼物之时显然不带贪婪之心即可。

考古发掘已经证实，当时的人确实经常以爱情的名义互赠这些礼物，尤其是镜子、梳子、胸针，以及用黄金、骨头或者玻璃制成的戒指。其中最不寻常和最让人感动的发现之一，就是陶顿[1]战场遗址上出土的一枚马刺，上面刻有"全心全意，忠贞不渝"几个字。

所有的婚姻都是包办婚姻吗？

不是的。虽然当时的人像如今这样不经父母同意就结婚的现象很罕见，但并不是所有婚姻都是预先安排好了的，而且，就算是包办婚姻，新娘、新郎通常也有一定的发言权。严格说来，中世纪时若是未经双方同意，这桩婚姻就是无效的，因此，尽管胁迫结婚的做法并非闻所未闻，但只要能够证明受到了胁

---

1 陶顿（Towton），英国约克郡（Yorkshire）的一座村庄，因1461年的"陶顿战役"（Towton Battle）而闻名。陶顿战役是英国玫瑰战争（Wars of the Roses，1455—1485）期间规模最大的一场战斗。

迫，这桩婚姻即便是生米已经煮成了熟饭，也还是可以提出异议的。虽说中世纪的婚姻关乎的并非仅仅是爱情（还有财产、社会地位、合法性与荣誉），但允许子女与他们所爱的人或者至少是喜欢的人结婚，既可以让大家不致伤心，也能让大家省心省事。

当时，普通百姓大多要到十八九岁或者二十岁出头的时候才会结婚成家，因为此时他们已经结束了学徒期，或者完成了家庭佣仆的合同，并且已经攒够了钱，能够建立自己的家庭了。到了那时，人们已经遇到过许多有可能成为其配偶的人，而他们和家人也已拿定谁有可能是他们最佳伴侣的主意。

教会制定了严格的律法，禁止血缘关系太近的人（即近亲同宗）结婚，这一点曾经让贵族阶层的媒人头疼不已，贵族的政治婚姻常常需要获得教皇的豁免，才能绕过这些规定。下等阶层的人寻找潜在的配偶时则没有必要局限在如此狭窄的范围之内：他们既可以与本村的家庭通婚，也可以与教区内的其他家庭联姻，那些家庭，有可能是他们在共同的市场与集市上，通过生意合作关系或者经由朋友的朋友介绍而接触到的。

通过婚姻结成的政治联盟意味着，王室和贵族的子弟往往在成年之前就已订婚，甚至是已经结婚了。在这种情况下，或者举行典礼时两人住的地方若是相距太远，就会由一位代理人来代替他们宣读誓词。即便这种未成年子女在法律意义上已经结婚,但在长大成人之前,他们是不得发生性关系的。不幸的是,也有一些儿童曾经与成年人结婚的案例,后者没有等到他们长大成人,就与他们发生了性关系。玛格丽特·博福特[1]就是其中的一位,她在十三四岁的时候就生下了后来的亨利七世[Henry Ⅶ,即亨利·都铎(Henry Tudor)]。此事似乎对她的身体造成了严重的伤害,以至于她再也无法生育了。然而,当时也有许多人强烈反对这种做法。

尽管绝大多数贵族的婚姻都是包办的,但即便身为贵族,他们偶尔也有机会同自己的心仪之人结成连理。英格兰的"黑太子"(Black Prince)兼王位继承人爱德华[2]一直等到三十多岁才结婚,因为他选择的是一个全然不合适的人,更不用说此人还位于受限制的近亲范围之内了,即他的堂姑姑,号称"肯特郡美女"(Fair Maid of Kent)的琼安(Joan)。他的父亲爱德华三世虽然怒

---

1 玛格丽特·博福特(Margaret Beaufort,1443—1509),英国女勋爵,英格兰国王亨利七世的母亲、亨利八世的祖母,是玫瑰战争中的关键人物。她一生中经历了4段婚姻,并在第二段婚姻中生下了唯一的孩子亨利七世。
2 "黑太子"爱德华(Edward,1330—1376),英格兰国王爱德华三世的长子,英法百年战争第一阶段中英军最著名的指挥官。关于"黑太子"这个绰号的来由,有两种说法:一是说他常穿黑色铠甲,二是说法国人认为他心肠很黑。

不可遏，却也不得不迅速致信教皇，请求并获得了豁免，然后为这对新人举行了一场较为正式的结婚典礼。

人们如今对中世纪的婚姻持有一种普遍的印象，认为当时的婚姻既残酷，又让人觉得很凄凉。不过，虽说当时肯定有过一些不幸的婚姻（就像如今一样），但就算是包办婚姻，最终也有可能让夫妻双方都觉得很幸福：无论是疾病还是健康，无论是富裕还是贫穷，他们都曾相互依靠、相互扶持，在家内外都是神仙眷侣，并且岁月和共同建立的生活激发了他们彼此之间的感情与真爱。

他们是怎样结婚的呢？

在中世纪结婚，几乎是一件再简单不过的事情了。一对新人只要表明自己的结婚意愿，然后发生性关系，他们就算结婚了。即便他们说过自己要到将来、要在某些条件之下才会结婚，但**此后任何时候**发生性关系，都会使他们的这桩婚姻获得法律上的约束力，而不管那些条件是否得到了满足。虽然一方配偶可以在事后提出异议，以那些前提条件没有得到满足为由要求宣告婚姻无效，可在获准取消婚约之前，两人仍然是夫妻。他们根本就不需要什么神父、教堂、戒指、书面文件或者见证人。

可以想见，这种情况就是法律上的一场噩梦。人们有可能合情合理地搞不清自己究竟有没有结婚，并且很容易同时与不止一个人结婚。为了解决这个问题，在1215年召开的第四次拉特兰公会议（Fourth Lateran Council）上，教皇英诺森三世[1]强化了婚姻方面的规定，要求人们结婚之前在教堂里张贴结婚启事。那样的话，任何一位可能已经与新娘或新郎结了婚（或者认为自己可能已经如此，或者知道某人可能已经如此）的人就可以大声说出真相，以免每个人都因重婚罪而让自己的灵魂陷入万劫不复的境地。不过，就算有了这些新的条件，这桩婚姻实际上也只需要双方同意与圆房，就算具有了法律约束力。尽管如此，人们还是越来越喜欢在教堂里面结婚，而不愿像过去一样了。他们以前往往是在一位神父的祝福下，在教堂的门廊上结婚的。

中世纪的新娘都不穿白色的婚纱，而是与其他人一样，穿着她们最好的衣服。新娘常常会系一条新的腰带，那是新郎在一场正式的订婚或者婚约仪式上送给她们的。人们在伦敦发现的一条

---

1 教皇英诺森三世（Pope Innocent Ⅲ，1161—1216），罗马天主教教皇（1198—1216年在位），在位期间让教廷的权势达到了历史巅峰，是史上最具影响力的教皇之一。他不但积极参与欧洲各国的政治斗争，曾迫使英国、丹麦、葡萄牙、瑞士等国王称臣，还发动了第四次十字军东征，镇压异端阿尔比派，批准天主教多明我会与方济各会成立，并于1215年主持召开了第四次拉特兰公会议，颁布了"圣餐变体说"教义。拉特兰公会议是罗马教廷举行的一次主教会议，因其召开地点位于罗马的拉特兰宫而得名，亦称"拉特兰大公会议"等。第四次拉特兰公会议也是教皇权力达到了顶峰的标志。

15世纪初的腰带，可能就是新郎送给新娘的这样一种礼物。那条腰带上面饰有"全心全意"（*tout monn coer*）几个字。

在仪式上，神父会为新人及他们的戒指（假如他们买得起的话）进行祈神赐福，新人则会在到场的见证人面前发下誓言，承诺他们将以夫妻身份相伴一生。交换完戒指与誓言之后，新娘与新郎便结婚了。结婚典礼结束之后，是一顿丰盛的晚餐——经济条件允许的话，则是一场盛宴——和舞会，就像现在一样。

当然，王室婚礼是极其隆重的，整个都城会举行一整天的庆祝活动。骑士比武与宴会、娱乐活动与舞会有可能一直持续到婚礼那天之后。嫁给国王的公主要举行两次庆典：一次是两人的婚礼，另一次则是王后的加冕典礼。

新婚之夜是个什么样子呢？

对于他们在新婚之夜将要发生的事情，大多数新人应该都不会一无所知。首先，不是贵族的夫妻大多要到十八九岁或者二十多岁才会结婚，因此，就算他们本身之间还没有发生过性关系，年纪也足以让他们在相当长的一段时间里参与到成年人之间的交谈中去了。其次，当时人人都很熟悉乡村与城市里无处不在的一些动物的习性。除此以外，中世纪的幽默打趣是极其粗俗下流的，黄色笑话属于节庆、寓言故事、歌谣乃至宗教戏剧中的一大组成部分。最后，尤其是在农村群体中，由于家庭中缺少个人空间，因此他们很难不看到某种性行为，甚至是最小心谨慎的父母之间的性行为。

两个人要想无可非议而合法地结成一对夫妻，他们就必须发生性关系，因此如有可能，在新婚之夜完成这件事情对双方来说就会较为容易一些。在理想情况下，双方都会是处子之身，尽管不太可能每个人的情况都是如此。新娘子尤其应当是处女，因为若是有证据表明新娘在婚前有过性行为，人们就会对她在婚后头9个月内诞下的孩子的出身产生怀疑。然而，当时并不是人人都会在结婚的第二天早上举着沾有血迹的床单到处走。没有给夫妻的结合带来财产、家世或者权力的人，不一定特别在意新娘子是不是处女，因为不管怎么说，她都很可能已经——跟新郎本人——发生过婚前性行为了。

他们的性生活怎么样呢？

教会对婚姻的观点是，除非是计划要孩子，否则人们根本就不应当发生性关系，所以，假如您打算发生性关系，那就必须在婚姻的范围之内。圣保罗（St Paul）有过一句名言，就是"与其欲火中烧，不如嫁娶为妙"，确实是很有说服力的。

根据教会与法律的规定，每一方都对对方负有一种夫妻或者婚姻义务，也就是说，不论何时，只要配偶想要，他们就须向配偶提供性方面的服务。尽管我们可能认为，情况往往都是妻子必须陪丈夫上床,而不管她愿意与否,但从法律上来看,这种义务却是双向的。如果一位女性的丈夫阳痿,这种情况就可以是宣告婚姻无效的理由了,因为丈夫不能让妻子怀上孩子。在一桩特别臭名昭著的案件中,人们居然召来妓女,去查验当事男子是否真的阳痿。妓女们卖淫不成之后,居然斥责那位可怜的男子,说他不该在不可能让妻子怀孕或者不可能"比那样更好地取悦她"的情况下娶了那位女性。

事实上,中世纪的文化观念与现代的西方文化观念恰好相反,那时的人认为,女性——尤其是已婚女性——的性欲强于男性,并且认为她们会像男性一样在性爱中找到快感。在一首法国寓言诗(*fabliau*)里,一名女性向她那位假扮神父的丈夫忏悔了自己的性罪过:

> 世间很难看到
> 哪个女人想要
> 或者甚至能够遏制其情欲,
> 无论她的丈夫有多好。
> 因为天性驱使我们如此,
> 我们无法抗拒,便这样行事,
> 而我们所嫁的郎君都太过愚钝,
> 太过严厉,太过睚眦必报,因此

> 我们不敢向他们袒露心怀
>
> 或者说出我们对男人的需求，
>
> 因为如果我们承认自己的心中
>
> 有此需求，他们就会把我们视为娼妓
>
> 所以我们别无选择
>
> 只能靠年轻的男仆来满足。

贵族阶层的婚姻尤其如此，因为您很可能与自己不是特别喜欢——无论是在卧室里面，还是出了卧室——的人结婚，可教会的规定却不容动摇：通奸是一种不可容忍的行为。通奸者的下场，最好的是蒙受羞辱、遭到罚款或者整个群体的排挤，而最糟的则是受到剥光衣服、殴打、赶出城镇等惩罚，或者被配偶杀死（尽管最后一种并不合法）。当然，绝大多数惩处通奸的措施都是针对妇女的，这有可能是因为怀孕会暴露出她们的通奸行为。至于男性，精英阶层与王室成员对他们的通奸行为却存在一定的容忍度，认为"男人总归是男人"。考虑到当时的人都"知道"女性的性欲强于男性，那么这种双重标准就既让人觉得讽刺，又具有破坏性了。

然而，仅仅因为人们不能通奸，并不意味着他们就不能在这个方面想入非非。许多最为著名的爱情故事都是围绕着不贞之爱的主题展开的，12世纪以后尤其如此。亚瑟王、桂妮薇儿王后与兰斯洛特爵士[1]之间的三角恋情，很可能是一场不贞之爱最著名的范例，这种爱情既浪漫又力量强大，以至于那对恋人甘愿冒着犯下中世纪社会最严重的叛国罪的风险。不过，尽管宫廷贵族与贵妇们对通奸行为不以为意，甚至对有些通奸现象视而不见，但公开与某个并非配偶的人有染还是不可接受的，除非您是一个无人胆敢指责的人，比如王室成员，而且必须是男性。

男女两性群体的关系如何呢？

可惜的是，在整个中世纪，背离普通性关系的行为在任何情况下都是不可接受的。当时的欧洲信奉"一神论"（monotheistic），即便是对临时的同性恋关系也无法容忍，可这种关系，以前却被人们在某些情况下接受过（比如征战中的希腊、罗马士兵之间的同性恋关系）。公开的同性恋与同性婚姻，就更是遥不可及了。

值得注意的是，中世纪的人认为性取向不同于性别，并不

---

[1] 亚瑟王（King Arthur），英格兰一位传说中的国王，据说他是圆桌骑士团的首领，在罗马帝国瓦解之后率领圆桌骑士团统一了不列颠群岛，桂妮薇儿王后（Queen Guinevere）是亚瑟王的妻子、亚瑟执政时期卡美洛王国（Camelot）的王后，兰斯洛特爵士（Sir Lancelot）则是圆桌骑士团里的一位骑士。桂妮薇儿王后与兰斯洛特爵士之间的奸情导致了圆桌骑士团分裂，在前者被亚瑟王判处火刑之后，兰斯洛特爵士曾舍身相救，最终桂妮薇儿王后在一家修道院里当了修女，直至去世。

是一成不变的。也就是说，虽然当时人们认为一个人不是男性就是女性（性别不会变化），但没有哪一个人被视为绝对的"同性恋者"或"异性恋者"，因为中世纪的人并不认为它们是两个截然不同的类别。中世纪的人并不关心性身份，而是专注于将实际的性行为归为可接受的还是不可接受的，是一次性行为还是习惯性行为，以及是发生在男女之间、男男之间还是发生在女女之间等类别。中世纪的人用来指代一系列被视为"离经叛道"的性行为，尤其是肛交的"鸡奸"，无论发生在男性之间还是男女之间，都是一种严重的罪过。他们认为男性之间的肛交尤其严重，因为这种行为也颠覆了性别上的二元论：其中一方实际上是一位扮演"女性角色"的男性。

人人都理应拥有肉体上的欲望，就像人人都理应戒除所有的性行为，只有为了生儿育女这种明确目的而进行的婚内性行为除外一样。对同一种性别的人产生性欲是一种罪孽，但产生通奸欲望也是如此（尽管我们必须承认，人们认为通奸的罪过要轻微得多）。把欲望遏制在自己的内心深处而不付诸行动，并且祈求上帝宽恕自己心中那些情欲强烈和离经叛道的思想，曾是中世纪所有基督徒的终极目标。

既然性欲冷淡在中世纪被人们视为基督教道德的最高境界，那么性欲冷淡的人加入修道院、成为修士和修女之后就有可能觉得心情舒畅，因为那种地方非但不会有人正式而公开地期待他们发生性关系，而且人们还会认为他们的禁欲之举令人钦佩、值得颂扬。然而，在更广阔的社会上，当时的男性与女性却不断承受着结婚生子的压力（与如今的情况很是相似）。虽然有些人确实出于宗教原因，在配偶的允许下选择退出了婚姻关系，可这种事情并不是任何人都可以指望得上的。

隐修群体的目的，原本是做到彻底的独身，然而，修士与修女之间有时也会发生性关系这一事实，却是公开的秘密，并且严重到了人们居然拿它来笑话那些憎恨同性恋的人的程度，就像如今的人会拿现代监狱中的同性恋关系与性侵现象来开玩笑一样。同样，这些玩笑的目的在于刺激和引起人们的反感，而不是为了让人们接受。

圣殿骑士团（Templars）是一个军事修道会，他们奉行的团规与修道院里的准则相类似，在针对他们而提出的一系列指控中，有一项就是指控他们都是鸡奸者，也就是说他们彼此之间发生了性关系。尽管这种指控很可能是一种卑鄙的中伤，"公正王"腓力[1]（很正确地）认为这会导致民众去反对他们，但圣殿骑士团

---

1 "公正王"腓力（King Philip the Fair），即法国国王腓力四世（Philippe Ⅳ，1268—1314）。他是法国卡佩王朝的第 13 位国王（1285—1314 年在位），曾经打击贵族、维护法兰西的利益、压制罗马教皇、解散国内的圣殿骑士团，没收了该团的财产并将圣殿骑士们交由法庭审判定罪。亦称"美男子"腓力。

本身曾经强化其团规，明确提醒修士们彼此之间绝对不许发生性接触，否则就会付出巨大的代价，被革出该骑士团。这一点就更加清楚地表明，当时起码也有部分圣殿骑士彼此相爱（或者出现过危险的放纵之举）。

虽说当时违背异性恋和性别规范的行为会受到谴责和惩处，但这种人并不会因为他们的越轨之举而被立即处死。最常见的情况是，一个人会在受到惩处之后获释，就像异教徒的遭遇一样。只有不顾这种"矫正"措施、屡教不改、多次犯下同样罪行的人，才会受到更加严厉的惩罚和遭到处决。

在《西奥多的忏悔》一书中，对男子"20岁以后与男性发生性关系"所规定的忏悔期是 15 年；只不过，这一点似乎是暗指那些惯犯，因为西奥多的准则中接着指出："犯有一次这种性罪过的人应当忏悔 4 年。"男子已经成年这一点似乎也很重要，因为少年"初犯"应当忏悔"2 年，如若再犯，则应当忏悔 4 年"。出人意料的是，西奥多认为属于"万恶之首"的居然是男性之间进行口交（而非肛交）。而不出所料的则是，他为女性规定的忏悔期限则要低得多：女子若是与同性发生性关系，或者犯有"自慰恶行"，则应忏悔 3 年。

众所周知的是，当时有些人曾经打扮成异性的模样，但我们从史料中却看不出，那些人这样干究竟是因为他们需要或者渴望以异性的身份去生活呢，还是出于别的目的。凯瑟琳娜·赫泽尔多弗[1]也许就是我们如今所称的"跨性别者",此人曾经毅然决然地以男子的身份在世间生活着。威尼斯的罗纳尔迪诺·郎查亚[Ronaldino Ronchaia,后改名为罗纳尔迪娜·郎查亚(Ronaldina Ronchaia)]和伦敦的约翰·雷克纳[John Rykener,后改名为埃莉诺·雷克纳(Eleanor Rykener)]两位卖淫者在引诱男性发生性关系的时候都是打扮成女子的模样,但我们却很难知晓两人是如何看待自己的。郎查亚虽已成婚,却并无性生活;雷克纳尽管穿着女人的服装与男人发生性关系,但他也曾以男子的身份(似乎不是卖淫者)与女性发生过性关系。雷克纳确实还以女性的身份从事过别的工作,可他最接近于表明自己性取向的举动,就是嘲讽地说他更喜欢神父,因为他能从神父身上赚到更多的钱。圣女贞德[2]身着男装似乎是出于实用的目的,可尽管如此,审判她的法官还是认为她属于"堕落"地身着男装而不穿女装,而这就是她被判处了死刑的主要原因。赫泽尔多弗也遭到了

---

[1] 凯瑟琳娜·赫泽尔多弗(Katherina Hetzeldorfer,?—1477),德国纽伦堡(Nuremberg)的一位女性,因被指控与女子发生性关系而遭到审判,并于1477年在施佩尔(Speyer)被处以溺水之刑。

[2] 圣女贞德(Joan of Arc,1412—1431),英法百年战争中的重要人物,绰号"奥尔良少女"(The Maid of Orléans),曾率领法军对抗英军,并成功解除"奥尔良之围",但最终被英格兰当局控制下的宗教裁判所以异端和女巫罪判处火刑,后被尊为法国的民族英雄、天主教圣徒,并且成了西方文化中的一个重要符号。

处决，被溺死在莱茵河里，可她那些性伴侣受到的却是较轻的流放之刑，她们不论是在穿着打扮上，还是在卧室里承担被动的角色之时，始终都是以女性的身份出现的。

在大谈这种谴责与惩罚的同时，我们却很容易忘记人们之间确实存在过的种种爱情关系，哪怕它们留下的痕迹如今已经十分模糊了。在中世纪，人们与同性之间拥有亲密多情的关系是一种并不罕见的现象，即便他们没有同房。对此，人们有可能感到惊讶，但是，如果没有发生性行为的证据，谁又能打包票说这些关系并非只是亲密的友谊呢？这种谨慎态度，有可能挽救了当时性少数群体中的许多人的性命，也正是这种谨慎的态度，让我们很难去探究他们之间的关系。

在记载一对很可能长期保持着亲密关系的同性伴侣的史料中，14世纪末两位合葬在一起的骑士的故事特别感人。据墓志铭记载，他们已经在彼此身边相濡以沫地陪伴了13年。其中的一个故事，还令人想起了许多恩爱长久的夫妻，其中一人去世之后，另一人也会在数天之后溘然长逝。只不过，这两位骑士的结局既不同寻常，又很温馨：他们就像一对已婚的夫妻一样，下葬时两人盾牌上的家族纹章联结在了一起。

是不是连神父也有性行为呢？

是的。除了那些纯属憎恶同性恋的俏皮话，神职人员的性生活一直也是人们取笑和嘲弄的对象。至于原因,部分在于并非所有的神职人员都是独身(其中有些人结了婚),部分在于独身对其他人来说很难做到,部分还在于中世纪的人就是喜欢开下流的玩笑,而独身又很容易成为他们取笑的对象。

在中世纪早期,许多神职人员都是已婚人士,因为当时独身的观念还没有广泛被人们所接受。英诺森三世在第四次拉特兰公会议上推行其改革措施时宣布,从那以后,任何神职人员都不得结婚,无论是以同居还是以其他的方式都不行。可即便是对这位可敬的教皇,神父们也并非总是言听计从。许多神父仍然与女性一起生活着,有时让她们打着"管家"的幌子,甚至在她们生下了神父的孩子之后也不例外(想必是因为他们威吓地盯着整个社区,导致人们不敢说什么吧)。

其他的神职人员——特别是那些正在修习、将来要当神父的年轻人——则一直是人们的笑柄,说他们会勾引年轻的女子,在寓言故事中尤其如此。一些虚构出来的修道士也经常与已婚妇女有染,并且东躲西藏,以免被她们的丈夫发现。

就连修女也不免受到怀疑,因为她们需要神父来为她们做弥撒和听取她们的告解。这就意味着,一名男子会定期到女修道院里去,而对那些毫不在意自己所发誓言的神父与修女来说,这就是一个与异性调情的大好机会。针对修女制定的一些条例禁止修女们晚上到果园里去,以防她们打算在那里与情人幽会。这种情况，当时的确很可能时有发生，只是没有达到中世纪笑话中所暗示的那种严重程度罢了。

虽然中世纪的大部分批评意见都是为了指出或取笑神职人员之间两相情愿的情侣关系，但事实上，有些神父——以及他们所属群体之内的一些修女——也的确滥用过他们的职权去达到他们的性目的。在法国的蒙塔尤（Montaillou），人们曾经对一位当地神父的行为进行了调查，此人居然利用告解的私密性，把它当成了教唆女性与之发生性关系的一种手段。其中一名女性做证说，每次他们发生性关系时，那位神父都会让她在宫颈处放入一个护身符。它可能是一种避孕用具，即子宫托，旨在让那位神父的行径相对变得更加隐秘。幸好，最终他还是被人们逮住了。

当时的人使用避孕药具吗？

信不信由您，其实人们自古以来就在使用避孕药具，而且，其中一些可能还很有效——至少在一定程度上是有效的。

女性可以使用，也确实使用过的避孕方式中，最常见的就是母乳哺育了。只要还在给孩子哺乳，她们就很难怀上身孕。当然，那些急于（或者受到了压力）要生更多子女的人，比如王后与其他的贵族，会把喂养孩子的任务交给一名奶妈去负责，这就意味着，她们是不可能使用这种简单的避孕方式的。

另一种常见的避孕方式也很简单，就是性交中断（*coitus interruptus*），或者如今我们常称的"体外射精"（pulling out）。尽管聊胜于无，但在女性的最佳怀孕时间里，这种方法却并非总是有效的。我们从有些人所做的忏悔中得知，他们还会在股骨内侧（*in femoribus*，即两腿之间）性交，因此这也有可能是当时的人用来避孕的一种选择。

除了这些方法，女性还会用草药来防止怀孕。避孕违反了教会的教义，堕胎则还要严重，因此我们关于当时的人所用避孕方法的信息大多出自谴责这些做法的文章中，就是不足为奇的了。事实上，我们了解中世纪的避孕情况的途径之一，就是神父们在聆听告解的时候必定会提出这样一个问题："您是否饮服过什么药物（*malificium*），也就是草药或者其他药剂，以便让自己不可能怀上孩子？"

许多可以用来避孕的草药都有一个突出的名称，比如艾蒿（以贞节女神命名）、没药（以希腊一个悲剧性的乱伦传说命名）、芸香和马兜铃。其他一些常见的植物，比如柳树、白藓、杜松、薄荷以及野胡萝卜花（Queen Anne's lace），也都具有避孕的功效。人们自古以来就知道这些植物能够避孕，因此中世纪的人也极有可能知道它们的效用。至于当时的人对它们的了解究竟到了何种程度，就是一个谜了。毫无疑问的是，女性曾将这种避孕知识口口相传，就像她们应该也是将怀孕与分娩的知识口口相传，因而让我们如今在书面记录中只能看到一些最基本的痕迹一样。

他们爱自己的孩子吗？

这是一个十分普通的问题，它有一个凭借直觉就能给出的回答：是的，中世纪的人绝对爱着他们的孩子。尽管他们养育孩子的方式在我们看来可能显得奇怪而陌生，但当时的父母为孩子提供玩具与食物时体现出来的关心，以及他们在失去孩子时感受到的悲伤，表现得都很明显，这会让我们觉得熟悉。

当时的婴儿，通常都是在女性家人和助产妇的陪伴下在家里出生的。中世纪的医院里确实偶尔设有产科病房，它们都由私人出资捐建，为贫穷和/或未婚的母亲提供护理服务。还有一些医院则明确拒绝帮助怀孕的母亲，认为她们全身都充斥着罪孽。

当时的人曾用祈祷文、辟邪物和符咒来帮助产妇在分娩过程中免遭伤害，有时助产士还会给产妇的肚子缠上一根精心制作的分娩腰带——一种上面写着祷告词、画着宗教图像的长丝带——来加以保护。同时，她们还会诵念包括圣母马利亚（Virgin Mary）、马利亚的母亲圣安妮（St Anne）以及圣玛格丽特（St Margaret）等在内的圣徒祈祷文，将它们当成额外的保护措施。

第三章 爱的艺术

> 圣玛格丽特是孕妇的守护神,因为她曾经通过呼唤耶稣之名,从一条把她吞掉的恶龙肚子里毫发无损地破腹而出。

分娩对女性来说是最危险的时刻,因为母子都有可能死于难产。当时,虽然产钳还没有被发明出来,但助产妇还是能够尽其所能,用涂满了黄油、椰子油,或者像《特罗图拉》中建议的那种"亚麻籽与葫芦巴汤剂"的双手轻柔地转动婴儿,并且让婴儿顺利通过产道。尽管中世纪的人确实已经有了止疼药,但这些止疼药通常不会用于分娩,尤其是因为女性必须承受分娩的痛苦,替夏娃忏悔她犯下的罪过。

对于难产中的母子,可以实施剖宫产手术,把它当成绝对的最后一招。在现代的抗生素还没有出现的时代,一位女性很可能会死于这种手术,因此,只有在母亲似乎无论如何都有可能死去(或者事实上刚刚死亡)的情况下,人们才会实施这种手术。

婴儿会在出生后的一两天之内就接受洗礼,因为教会的教义规定,未受洗礼的婴儿最终会因为他们身上带有的原罪而堕入地狱。然而,表现了当时的人实际上的确在意孩子的一个典型例子就是:分娩现场若是没有神父,教会就允许在场的任何一个人给身处危险之中的婴儿施洗,好让婴儿不至于出于技术上的原因而被剥夺了升入天堂的机会。通常来说,这种仓促的洗礼都是由助产妇来实施的,但孩子的父母也可以施洗,只需将水浇到婴儿的头上,并且宣布这个孩子以圣父、圣子和圣灵(Father, Son, and Holy Spirit)之名接受了洗礼就行了。

当时的人认为,母亲经历分娩之后就变得不纯洁了,因此,在她们分娩40天之后"被带到教堂做了感恩礼拜"或者经由一种仪式而得到净化之前,她们是不得作为群体的一部分恢复正常生活的。在这段时间里,母亲会获得群体中的女性的探视和帮助。由于并不是人人都有幸获得了这种照料与帮助,因此我们很难得知当时现实中的普通女性究竟在多大程度上恪守了这样的规定。

农妇会把婴儿带在身边,每天干活的时候把婴儿放在近处,或者交由婴儿的兄弟姐妹去照看。这样做的好处,是母子能够待在一起;但坏处就在于,身为农民的父母尽管疲惫不堪、睡眠不足,却仍然不得不继续工作(这一点,凡是生过孩子的人都能证明)。

贵族女性——尤其是王后——并非总是能够付出大量的时间去陪伴她们的宝宝,因为当时的人都认为,婴儿更适合由保姆或者奶妈去照料。有些王室子女还住在专门照料他们的人家里,完全没有与父母待在一起;只有在日程允许的情况下,父母才会去看望他们。虽然这意味着王室父母可以多睡一点儿,但也意味着他们与子女之间的关系往往不会特别亲密。

当时人们的童年是个什么样子呢？

尽管在过去，人们都认为中世纪的孩子纯粹是被当作"小大人"来对待，可实际上中世纪的人在童年时期也并不是只有干活，他们还会学习和玩耍。中世纪儿童感兴趣的东西，与现代儿童深为着迷的东西没有什么两样，比如歌谣、游戏、体育运动和过家家。在欧洲各地进行的考古发掘，已经出土了玩偶、小马、玩具士兵，甚至是迷你型的锅碗瓢盆。威尔士的杰拉尔德（Gerald of Wales）是12世纪的一位神父兼历史学家，他在一则有趣可爱的个人轶事中，就回忆了儿时兄弟们在堆沙堡，而他则在建造沙地修道院的情景。

虽说当时的儿童可以在一定程度上自由玩耍，但与此同时，大人也指望着他们在家里帮忙干家务，甚至要干一些我们如今可能觉得太过困难、孩子们干不了的事情。他们要负责做饭、搬东西、照管牲畜，同时还要学习他们日后从事的职业所需的技能。在英格兰发现的小顶针和在德国发现的陶罐和瓦片上都留有儿童的指纹，这表明当时的孩子除了干家务，还会帮助父母干其他的工作。

假如匀得出时间，当时的男童、女童就会学习阅读（即便他们从未学会写字），而他们的启蒙老师，通常就是自己的母亲了。母亲、孩子与阅读之间形成了强大有力的联系，以至于圣母马利亚的画像中，经常描绘着她手捧一本打开的书、小耶稣坐在她腿上的场景。马利亚的母亲圣安妮也是如此，同样经常被描绘成拿着一本书的模样，想必，这就是她教马利亚阅读的那本书吧。女性所用的祈祷书中经常出现这种画像，就是不足为奇的了。

至于当时的女孩子，除非是她们在修道院里接受教育，准备日后当修女，否则的话，她们就须学习持家之道，包括安排什么人负责哪些工作、家里需要哪些用品，以及如何与干活的人合作来维持家庭的正常运作。这种本领可不只是为了装装门面：中世纪的女性与其他历史时期的一些女性不同，她们在丈夫出征、出差或者死后必须接手丈夫留下的工作；而且，无论是以丈夫的名义还是凭借自己的实力，这些女性都干得很出色。

准备加入教会的男孩子则会到教堂学校或修道院里去接受教育，学习掌握分为"三艺"（*trivium*）与"四学"（*quadrivium*）两类的7门学科。"三艺"包括（拉丁语）语法、修辞学与逻辑学，"四学"则包括算术、几何、天文学与音乐。一些书籍如今已经证明属于"罗塞塔石碑"[1]式的作品，有助于我们现代人去理解像盎格鲁-撒克逊语等已经消亡的语言，可在当时，它们却是

---

1 罗塞塔石碑（Rosetta Stone），1799年由一名法军上尉在埃及港市罗塞塔发现的一块古埃及托勒密王朝时期的著名石碑，据说制作于公元前196年，上面刻有托勒密五世登基的诏书，用希腊文字、古埃及文字和当时的通俗体文字刻了同样的内容，使得近代的考古学家得以有机会对照各语言版本的内容后解读已经失传千余年的埃及象形文的意义与结构，是研究古埃及历史的重要里程碑。

教男孩子学习拉丁语的教科书。上学可能是一件很艰苦的事情，因为那时的人认为体罚是一种可以接受的、纠正错误的方式，而识字却能让孩子们在人生中成为有用之才。天赋禀异或者献身于教会生活的学生可以继续上大学，接受教师、律师与医生之类的高等教育，也可以从事为王室或者教会服务的职业。

当然，没有加入教会的贵族男童则要接受战斗与骑术训练。他们会使用木剑、木弓和木矛进行训练，直至技术娴熟、可以成为年长骑士的侍从为止。假如在战功中充分证明了自己的实力，或者为了坐上领主的位置，侍从在十五六岁之后就可以晋升为骑士了。在接受武术训练的同时，贵族男童仍会接受正规教育，学习读、写，以及照管他们的土地与佃户。

是不是人人都英年早逝呢？

中世纪的人平均寿命只有45岁左右，但这并不是说当时就没有人活到老年了。人们会工作到无力再工作的时候，此时他们就会减少自己的工作量，找到适合自己这个人生新阶段的工作，或者依靠整个群体来供养。维持一个家庭正常运作所需的大量工作，从园艺到做饭，再到照管孩子，都可以由那些无法再掌犁耕地或者拉车的人去完成。年长的女性可以当助产妇或者保姆，而在一些宗教群体中，50岁以上的女性则被人们视为理想的洗衣女工：原因说来不好听，是人们认为她们对神父和修道士的诱惑力较小（而且已经过了会惹出麻烦的怀孕年龄）。同业公会则是向其成员募集资金，把它当成一种养老金，以防年老的公会成员陷入贫困之中。至于那些确实已经穷困潦倒的人，济贫院与医院就是老年人在没有家人赡养的情况下可以获得照料的地方了。

女性往往比她们的丈夫活得更久，而且在有所选择的情况下，她们中的大多数人都会选择不再结婚。原因可能在于，寡妇可以凭借自己的权利掌控财产，而在欧洲的一些地区，妻子却是做不到这一点的。寡妇完全能够利用一生所学的技能和经验，维持好自己和整个家庭的生计。那些需要获得额外收入却又不想当助产妇或者保姆的寡妇，则可以在纺织行业里找到计件制的工作——因为她们可能在整个婚姻期间一直从事着这种工作——或者充分利用她们的酿酒技艺。

当时的人是如何面对死亡的呢？

中世纪的人在生命中的任何一个阶段失去家人，都完全不是一件罕见的事情。除了罹患疾病、遭遇意外等正常的风险，当时婴儿的夭折率也特别高，女性经常死于分娩，男性则会在战争中丧生。死亡的绝对频率之高，尤其是婴儿早夭的绝对频率之高，导致了中世纪之后的数百年里，人们都以为中世纪的人并没有对此感到多大的不安。这种说法当然属于无稽之谈。中世纪的人对此感到悲伤的证据，在他们向已逝亲人致敬的雕像、坟墓和写下的文字当中比比皆是。

对中世纪的基督徒来说,悲伤之时常常也是最危险的时刻,因为正是在这种时刻,痛失亲人的基督徒会真正开始质疑上帝的意旨,甚至会质疑上帝是否真的存在。人们对教会及其神职人员的批评指摘,从未像黑死病导致了欧洲高达60%的人口死亡之后那样强烈,这一点可不是巧合。克里斯蒂娜·德·皮桑[1]据说是世界上的第一位职业女作家,她的丈夫死于疾病,死在与她相距遥远的异国他乡。克里斯蒂娜写道,她曾悲伤至极,几乎到了危及其不朽灵魂的地步:

> 我永远无法忘怀,这种巨大
> 而无比的痛苦,它让我的
> 内心饱受折磨,它让我的
> 脑海中充斥着悲伤的绝望,
> 劝我自杀,令我心碎。

另一方面,失去亲人的时刻也有可能让人们更加紧密地沉

---

[1] 克里斯蒂娜·德·皮桑(Christine de Pizan,1365—1430),中世纪一位著名的意大利裔法国女作家,著有《妇女城》(*The Book of the City of Ladies*)、《淑女的美德》(*The Treasure of the City of Ladies*)等作品。1390年,她的丈夫跟随国王出访,途中意外染病身亡。

浸到他们的宗教信仰里。中世纪最美丽动人的英语诗作之一《珍珠》(*Pearl*)，就是一位痛失 1 岁爱女的父亲创作出来的。女儿曾经是他的掌上明珠。他躺在女儿的墓旁睡着了，梦见女儿向他展示了此时她正在享受的天国之乐。

现实中有人去世之后会发生什么？

在做得到的情况下，一个人临死之前，人们就会派人把当地的神父请来为其举行临终圣事。人们都很害怕自己没有忏悔就去世了，所以我们经常会看到神父聆听那些最终并未死去的人进行忏悔的记载。在黑死病肆虐的那个时期里，极高的死亡率导致人们请不到神父，所以教会曾经允许临终床边的任何一个人赦免垂死之人的罪孽，从而给了他们一个去往天堂的机会。即将参加战斗的人常常也会做忏悔，尽管士兵在做完忏悔到死去的那段时间里往往有可能犯下像咒骂之类的新罪孽。

一个人去世之后，人们随即就会对其遗体进行清洗，然后用一块裹尸布包起来，送往教堂，准备举行葬礼。人们会在遗体周围点上蜡烛，整夜不熄，第二天上午则是先做弥撒，然后再把遗体抬到教堂外面的墓地去。做弥撒前和遗体被抬往墓地的时候，教堂都会敲响钟声，逝者最好的一件袍服，则会被送给教堂作为报酬。

当然，王室成员的规矩就不一样了，因为他们有着规模更大的送葬队伍，逝者的灵柩顶上常常置有木制的遗像，还有精心建造的陵墓。偶尔，他们甚至会将心脏和遗体分别安葬在不同的地方，只是教会一般不赞成这种做法。

> 爱德华三世的木制殡葬面具如今还留存于世，上面可以看出他的嘴角有轻微下垂的现象，因此一些历史学家推测说，此人在生命的最后数年里精神状况逐渐恶化的症状可能是一系列中风造成的。

贵族、高级神职人员和非常富有的人会把坟墓设在教堂里面。假如人们不想要或者买不起奢华的墓冢，他们就可以刻一块石碑，嵌在教堂的地板上或者墙壁上，以作纪念。如今在欧洲的教堂里，我们仍然看得到许多这样的坟墓与石碑。

黑死病过后，一种明显属于中世纪的传统逐渐流行了起来，那就是出现了"尸骨墓"[1]。这种墓把死者正在腐烂并被虫子、蛇和蟾蜍吃掉的状态呈现了出来，或者将死者描绘成一具骷髅，同时带有或者不带有此人生前的雕像。这种坟墓必须显得阴森可怕、令人震惊，与教堂里其他地方的美丽雕像与坟墓形成鲜明的对比。它们的目的就在于提醒在世的人记住生命的脆弱与短暂，

---

1 尸骨墓（cadaver tombs），中世纪一种以腐烂尸体的恐怖造型为特色的平卧雕像墓，拉丁语为"*memmento mori tomb*"，意思是"死亡提醒"。

记住死亡终将降临到我们每一个人的头上。它们是一种直观的警示，提醒人们趁早悔改赎罪，不要等到为时已晚，因为无论您的灵魂是否已经做好准备，死亡都有可能随时降临。尸骨墓是中世纪晚期的艺术与歌曲中"铭记死亡"(*memento mori*)运动中的一部分。如今我们会在墓葬纪念碑或者教堂壁画中看到跳舞的骷髅，这种现象并不罕见。

当时只要做得到，人们就会把逝者放在棺材里下葬；若是买不起棺材，逝者遗体就会被包在裹尸布里下葬。由于教堂墓地空间有限（城市里尤其如此），因此其中的墓穴就会被人们反复利用起来。在瘟疫与战争期间，人们有时会使用乱葬坑；但是，一场体面的基督教葬礼对确保逝者升入天堂十分重要，所以这种情况还是很少见的。

然而，当时并不是人人都被允许安葬在教堂墓地里。凡是没有受过洗礼，被逐出了教会或者自杀身亡的人，都不准葬入圣地。自杀者有时会被安葬在十字路口，中世纪晚期的德国与英格兰尤其如此。这种安葬旨在羞辱死者，并且提醒其他人不要犯下这种罪过。

由于严格说来，未受洗礼的婴儿并非基督徒，所以教会的教义中规定，即便他们属于胎死腹中或者被人谋杀而死，他们也须被打入地狱。一些心怀同情的神职人员提出，这些孩子是由圣灵或者天使施洗的，试图以此来减轻对婴儿父母的打击。还有一些神职人员则斥责助产妇作假,说她们谎称死胎仍然活着,足以举行洗礼,从而让婴儿的父母可以给他们举行基督教的葬礼。有一个令人心碎的案例,就表明了中世纪为人父母者的丧子之痛与对夭折子女的挚爱程度:14世纪时,赫里福德座堂(Hereford Cathedral)曾经获准将其墓地围上栅栏并在夜间上锁,因为当时一些痛失子女的父母——不惜以自己的灵魂为代价——会偷偷地把未受洗礼的孩子埋到教堂公墓的圣地上,不顾一切地要给夭折的孩子一个升入天堂的机会。

即便是受过洗礼的人,也对谁会获准进入天堂、谁又不会获准升入天堂的问题感到焦虑不安。15世纪的一位巴伦西亚(Valencian)诗人奥西亚斯·马尔希(Ausiàs March)曾经备受煎熬,因为他居然不知道爱人的灵魂去了哪里。更加糟糕的是,他担心自己有可能在无意中助长了她的罪孽,从而危及了她在来世的境遇。他写道:

> 我徒然合手,诚心祈祷:所有
> 可能发生的事情都木已成舟。
> 她若在天堂,当获得妙不可言的快乐;
> 她若在地狱,那我的祈祷就愚蠢无益。
> 果真如此的话,尤其是若她因我而受到了诅咒
> 那就请毁灭我的灵魂,

并将我的生命化为虚无，

而不要用如此残酷的苦难折磨于我。

在其他的诗行中，马尔希还更加直白地表达出了中世纪所有痛失亲人的基督徒的那种焦虑心态："假如能够确定她与有福之人同住，我就不会希望她仍然活着。"

教会在 13 世纪完善了炼狱的观念，为那些本质善良，却因命运而在死后有可能堕入地狱的人提供了一个中间地带。随着时间的推移，人们的罪孽在这里得到了净化，炼狱充分涤荡了他们的灵魂，最终他们就可以升入天堂了。考虑到人的本性，当时有许多人怀疑自己最终有可能在炼狱中赎罪，弥补他们没有忏悔、不记得或者认为太过微不足道的罪孽，就是一件不足为怪的事情了。为了减轻这种焦虑，人们会向教会奉献贡品，好让群体中那些更加高尚的人可以替他们祈祷，请求上帝宽恕他们的罪过。亲人也可以付钱给教堂或修道院，请他们为逝者做弥撒，或者为逝者的灵魂祈祷一段时间。富人则更进了一步，以他们所爱之人的名义捐建教堂、修道院或者女修院，从而确保整个群体——无论是墙内的神职人员还是墙外的非神职人员——都心存感激之情，并在他们每日的祷告中纪念逝者。

当时痛失亲友的人在深爱着的配偶、家人和朋友去世之后有这么多的途径去帮助他们，这一事实就表明当时的人在生活中曾彼此深爱，也表明经常降临的死亡并未减少它给痛失亲友者带来的巨大影响。尽管他们有可能希望并且相信大家在来世还会重聚，但许多人还是尽力在尘世间保持着亲密的关系，并且不顾一切，死后安葬在所爱之人的身边时，他们的雕像有时甚至还会手牵着手。

虽然在中世纪的欧洲，人们彼此之间的关联确实经常因为死亡而缩短了，可他们还是不顾风险，深深地爱着彼此。定情信物、往来书信、诗歌和纪念碑，全都表明了恋人之间、家人之间的感情纽带可以有多深厚，即便其中有些关系刚开始时属于拘谨而不浪漫的包办婚姻。中世纪的爱是一件多姿多彩的事情：有纯洁高雅的、有激情洋溢的、有混乱不堪的、有崇高壮美的，加上介乎它们之间的一切，绚丽无比。

第四章

丑陋与残忍

Chapter Four　Nasty and Brutish

我们一想到中世纪，免不了就会联想起某种与暴力有关的东西，不论是战争、酷刑还是迫害。当代有一种比喻说法即"变得中世纪"（get medieval），指的**就是**变得很暴力。虽然从各个方面来看，中世纪的欧洲无疑都要比如今更加暴力（除了我们的自动武器与核武器有可能造成巨大的破坏这一点），但据当时的人在日常生活中经历的暴力数量及此种暴力背后的根本原因来看，我们的看法其实是对过去的一种曲解。

中世纪的公平正义与战争绝对是丑陋的，可它们往往并不残忍。相反，既让人深感安慰同时又让人觉得恐惧的，却是当时的人在这两个领域里围绕着暴力所做的决策，都具有纯粹而理性的特点。不论是好是坏，仔细审视中世纪人对暴力的态度，似乎都会让我们现代世界的人对过去更为熟悉，而不会让我们觉得相当安逸。

中世纪的整个政治结构是建立在"强权即公理"的基础之上吗？

是的，在一定程度上是这样的。罗马帝国开始分崩离析之后，其行政与军事结构也随之崩塌，留下了权力真空。就在曾经饱受罗马人压迫的人民挣脱枷锁的同时，东方民族的入侵与移民活动重新划定了欧洲各国的边界。结果，那些有能力领导军队和保护社会的人就上台掌了权。尽管如此，但就算是在中世纪初期，欧洲也有适当的司法制度，使得当时的形势要比乍看上去公平得多。

封建制度是在欧洲进行自我变革时出现的诸多冲突中发展起来的。新的领袖——各国国王——就是那些获得了民众的支持，并且能够保护百姓免受真正威胁的人。民众都宣誓效忠于国王，承诺忠心耿耿、为国王效力，并且在受到征召的时候去为国王作战。作为交换，国王则允许民众在土地上生活和劳作，并且承诺在遭到攻击时保护他们。中世纪各国境内的土地全都属于国王所有，这就是国王能够随意重新分配土地的原因所在；然而，各国国王对他们领导下的百姓负有一种根本且坚不可摧的义务，这一点则是他们偶尔会被人民废黜的原因所在。身为君王并不意味着他们就可以为所欲为——起码也是不能长久地为所欲为的。虽然不容否认的是，国王与子民之间的这种契约并不平等，可它却是双向的。

贵族起初就是那些能够在财政、军事以及良言善策等方面为国王提供最大支持的人。那些职位后来变得根深蒂固、变成了世袭罔替，就像中世纪其他的阶层与职业一样。贵族之下是商人、店主和工匠，而这些人之下就是绝大部分人口了，包括农民、仆役和奴隶。

> 中世纪用于指农民的另一个词就是"佃农"（villein），但它在当时并没有其他的含义。从那以后，这个词却逐渐变化成了"恶棍"（villain），不可避免地成了任何一个故事中的坏人。这一点，就会让您对数百年来一直撰写那些故事的人稍有了解了。

中世纪的欧洲有奴隶吗？

尽管就欧洲而言，我们不会经常讨论奴隶的情况，因为一想到这个方面就会令人觉得太过反感；但在数百年的时间里，奴隶曾一直是中世纪社会的一个组成部分。

北欧诸民族（也就是所谓的"维京人"）之所以会大肆劫掠

和长途跋涉，原因之一就是为了在整个欧洲、南至中东并且直至俄国的广大地区寻找、俘获和贩卖奴隶。这一点也是任何一个与之接触的人（包括他们自己的百姓）都极其害怕他们的原因之一。现代词语"斯拉夫人"（Slavs）就源自"奴隶"（slaves）一词，因为这些奴隶常常都是其他的北欧人。考古发掘出来的文物表明，当时北欧的贸易线路形成了一个广袤的网络，连遥远的芬兰也发现了中东地区的钱币。当时交易的货物当中，有一些居然是人。这一点，只是中世纪欧洲的民族多样性远远超过了人们经常声称的那种程度的原因之一。

> 虽说人们一直争论不休，但"维京"这个词有一种可能的含义，那就是"劫掠"。"维京"一词描述了夏天的劫掠：这是一种活动，而不是指一群人。

圣帕特里克[1]本身曾是一名奴隶；十几岁的时候，他被人强行从不列颠的家乡掳走，带到了爱尔兰去干活。此人的经历虽然不可思议，却不是我们习惯上所说的那种神奇：从囚禁中逃脱之

---

[1] 圣帕特里克（St Patrick，387—461），爱尔兰的主保圣人。据说他在14岁时被海盗掳走并被带到爱尔兰去牧羊。虽然当时的爱尔兰是个异教之地，但帕特里克皈依了上帝。20岁的时候，他在梦中受到上帝的指引而逃离了那里，回到了英国与家人团聚。后来，他还撰写了《忏悔录》（*The Confession*）这部回忆录。

后，为了改变那些掳走他的爱尔兰人，使他们皈依基督教，他表现出了一种令人惊叹的宽仁之心，毅然返回了爱尔兰。他不是把那些人从毒蛇的利齿下拯救出来的，而是把他们从"大蛇"（The Serpent），即魔鬼撒旦（Satan）的手中拯救了出来。

尽管奴隶制度在中世纪随着时间的推移而逐渐消失了，但当时仍有许多并非自由之身的农民或者"农奴"，他们必须为领主效力，必须服从领主的命令、遵守领主制定的法律，并且每次想要离开领主的土地或者他们结婚时，都须征得领主的允许。

农奴结婚时，领主会不会先与新娘发生关系？

不会。世人已经证明，又称"首夜权"（*prima nocta*）、"王的权利"（*le droit du seigneur*）或者"领主之权"（*le droit de cuissage*）的"初夜权"（*jus primae noctis*）就是一种无稽之谈。我们没有证据表明曾经有人行使过这种权利。就连14世纪的苏格兰也没有。

当时的领主确实拥有一定的、支配农奴人身的权力，因为他们可以下令对违反法令的农奴进行体罚，但强奸是中世纪法典所禁止的行为。可惜的是，当时强奸行为还是时有发生，就像如今一样；并且也像如今一样，当时社会地位较低的女性更易受到伤害，强奸她们的人受到的惩处却较轻。

惩处手段是一直都很残忍吗？

中世纪法典中规定的一些惩处手段，从挖眼致盲到割断舌头，绝对都是让人觉得毛骨悚然的。可尽管如此，当时的惩处措施**大多**属于经济处罚，或者与忏悔有关，所以，中世纪的情况并不像现代人所想的那样，并没有那么多肢体残缺的人（或者无头幽灵）。

例如，阿尔弗雷德大帝[1]规定了一长串详细的惩罚措施，来惩处盎格鲁-撒克逊英格兰境内的犯罪行为，其中的大多数惩罚又以"偿命金"（wergeld），即支付给被害者家庭的赔偿金为基础。假如地位较高者的家人遭到杀害，他们就会索要较高的偿命金，只不过，每个人都有明码标价。实行这种法律具有明确的目的，那就是避免暴力与冤冤相报。阿尔弗雷德大帝的严谨细致表明，他在确保人人都获得适当的补偿这个方面投入了大量的精力。例如，断一拇指必须赔偿30先令[2]，而断一小指则只须赔偿9先令（因为小指的用处没那么大）。同样，割人耳朵须赔偿30先

---

1 阿尔弗雷德大帝（Alfred the Great，849—899），盎格鲁-撒克逊英格兰时期韦塞克斯王国（Wessex）的国王（871—899年在位），是英国历史上第一个以"盎格鲁-撒克逊人的国王"自称的人。他曾鼓励教育、翻译大批古典名著、编纂《盎格鲁-撒克逊编年史》，并且大力完善了韦塞克斯王国的法律体系和军队结构。

2 先令（shilling），英国旧时的货币单位，1先令值12便士（pence），20先令合1英镑（pound），后于1971年废除。

令，但若是致人丧失了听力，就须赔偿60先令了。阿尔弗雷德大帝很清楚人们有可能相互伤害，因此理应受到惩处；但他同时也认识到，没有必要以眼还眼，让整个世界的人都变成瞎子。

尽管还有其他一些令人生厌的法律有案可查，而史料中也经常记载说，即便是我们有可能认为相对较轻的罪行（比如偷窃），当时的人也会不假思索地将小偷处以极刑，但这并不是说当时的人事实上在所有案件，甚或大多数案件中都执行了那些惩罚措施。虽然法律有可能声称死刑是很公平的，但在中世纪的欧洲，从意大利到英格兰，各地的人们都在抵制实施肉体惩处与死刑，而是支持罚款、监禁或者流放等惩处手段。

重要的一点是我们必须记住，中世纪的一桩案件中，包括辩方、控方、陪审团，有时还包括法官在内的各方之人通常都是邻居。这种情况不同于如今，因为在如今的案件审理中，不认识被告或者不认识法庭上的其他任何一个人是一种很正常的现象。您对自己的熟人进行有利的无罪推定并且宽大处理，这是人的本性使然。除此之外，您还会受到同等地位的人要求结束纷争、相互和解所带来的压力。

死刑的情况如何呢？

中世纪的人对待"尔不可杀人"这条戒律的态度都十分严肃，因此在涉及罪犯的时候，他们可不像现代媒体想让我们相信的那样动不动就使用武器。迅速浏览一下如今报道任何一种犯罪行为的新闻之下的评论区就可以看出,在应当如何判定一个人有罪以及一个人应当受到何种惩处两个方面,现代社会中存在严重的观点分歧。中世纪的情况也是如此:人们在定罪量刑以及如何最好地理解法律等方面都意见不一,这意味着死刑在当时远不如我们想象的那么常见——通常也没有我们想象的那么可怕。

死刑的目的,往往既是惩罚,也是消除对社会的威胁。为了达成这两个目的,中世纪的人经常对罪犯判处充军或者流放之刑。虽然这样做能够不让市民的手中沾上鲜血,可惜它却有一个不利的地方,那就是让当时的森林里出现了一无所有的不法之徒。(这就是罗宾汉[1]手下那支快乐的队伍人数众多的原因。)假如再次被人发现,不法之徒就一定会受到惩处或者遭到处死,然而,一些本领高强或邪恶无德的不法之徒却可以凭借狩猎或偷窃他们需要的东西,在森林里生活很长的时间。他们也可以搬到没人认识他们的其他地方去,只是他们这样的陌生人有可能不会受到其他地方的欢迎罢了。无论怎样,将他们流放的城镇或者国家

---

[1] 罗宾汉(Robin Hood),英国民间传说中一位劫富济贫、行侠仗义的绿林英雄,据说此人住在舍伍德森林(Sherwood Forest)里。关于罗宾汉的传说从12世纪中叶起就开始在民间流传了,而相应的文学作品则到14世纪才出现。

都不必再去对付或者杀掉他们了。这是一种双赢的结果。

遭到处决的人当中，只有叛国者才会遭受最可怕的死亡，比如绞刑、五马分尸与肢解之刑，而肢解后的尸体部位还会被送往全国各地以儆效尤，其脑袋则被挂在尖木顶上示众。1305年威廉·华莱士[1]遭到处决时，用的就是这种著名的方法。它是一种可怕的反面典型，旨在镇压大不列颠那些叛乱地区的民众，因为如若不然的话，为了守住自己的土地，即苏格兰和威尔士两地，叛乱民众就会不惧战斗和牺牲。这种恐怖的处决方式已经被载入史册，而恐怖也正是它的本意。

后来，异教徒越来越多地被判处火刑；不过，尽管火刑绝对是一种痛苦的死法，可痛苦却不一定是这种刑罚所要实现的目标。火刑的目的就是用火来进行净化——净化个人与整个社会，因为基督徒都相信上帝会净化人类的灵魂。一些考虑周到的市民、亲戚和刽子手常常会往火堆中放上更多的燃料或者发烟之物，让一个人在被大火吞没之前就吸入浓烟而死，从而加快那些被判处火刑者的死亡速度。无论是哪种情况，那个人都会就此死

---

1 威廉·华莱士（William Wallace，1270—1305），苏格兰骑士、民族英雄，是苏格兰独立战争中的重要领袖之一。1297年，华莱士在斯特林桥之战（Battle of Stirling Bridge）中击败英格兰军队，后被指定为苏格兰护国公，直到1298年他在福尔柯克之战（Battle of Falkirk）中失利。1305年，华莱士被擒，最终被英格兰国王爱德华一世以叛国的罪名斩首。

去，而其躯体也在一种特别具有象征性的刑罚中毁灭了。

尽管如此，当时的大多数处决方式其实还是简单的绞刑，这种方法在如今的某些地区仍在使用着。然而，中世纪的绞刑却比近代的绞刑更加可怕，因为当时的人还没有开始使用后来的活板绞刑架。中世纪的绞刑并不是让人迅速掉落，从而一下子将人的脖子绷断（前提当然是刽子手正确系好了绞索），而是将人活活勒死，是一个缓慢得多的过程。

当时，行刑确实是一种公共活动，但我们也必须明白，处决现场并非仅仅是一群乌合之众为了获得施虐的快感而去目睹一桩令人不安之事的地方。公开处决是一种复杂的心理，即好奇心、情绪宣泄与宗教体验交织在一起的体现，人们可以在其中目睹那种对中世纪的基督教极其关键的人类苦难（不仅有耶稣的受难，还有殉道者的苦难）。它是一个人的灵魂跨入来世的时刻，是人们付出了大量时间去思考自身生命的一种精神皈依。它也是法律在其可怕的正义中彰显出了全部的威力，既给人带来了解脱，也给人们带来了恐惧的时刻。我们可能会认为中世纪的处决现场是一群统统都冷酷无情或者残忍暴虐的人在急不可耐地等待着看到痛苦的第一丝迹象，尽管这样想有可能属于情不自禁之举，却是把中世纪人们的思想与心灵想得过于简单了。

为了避免在人命关天的时候做出错误的决定，中世纪早期的人曾经利用比武审判法（trial by combat）与神明裁判法（trial by ordeal），将裁决权交给上帝。很有可能，纵使它们原本只是两种严肃紧张的考验，但当时那些身处这些审判当中的人，必定觉得它们几乎比惩罚本身更加可怕吧。

比武审判与神明裁判是怎样进行的呢？

比武审判法相对来说比较简单：无论是谁（原告或者被告）赢得了比武，都证明上帝站在他们那一方，也就证明他们说的是真话。在有些案件中，法庭会规定由一名武士代替原告或者被告中的一方去参加比武，这导致一些人开始过上了职业武士的危险生活。有些罪犯甚至会通过签署一份中世纪版本的"认罪协议"来从事这种工作。一旦职业武士介入进来并且把水搅浑，人们就比过去更加难以在判决结果中看到上帝所起的作用了。尽管直到14世纪末都仍然偶有实行，但比武审判法还是逐渐销声匿迹了。

在一场神明裁判中，被告通常都是被强制要求完成某种可能给自身带来伤害的行为，而由此导致的伤口究竟会愈合还是会溃烂，就表明了上帝所做的裁决。比方说，被告可能必须用双臂抱着一个滚烫的器皿从一个地方走到另一个地方，或者用手从一锅沸腾的圣水底部捞出一块石头。接着，他们会把由此灼伤的部位用一块布包扎起来，并且用法官的印戒封好。假如数天之后伤处愈合得很好，那么此人就是无罪的。如果伤处受到了感染，那么此人就有罪了。另一种神明裁判法，就是让神父为一潭水祈神赐福——通常都是为此而专门挖出来的一个水坑——然后把被告扔进水中，与近代早期女巫审判中的做法一样。假如被告浮在圣水之上，那就说明被告有罪。那些沉入水底的人则是清白的，尽管有时他们还是淹死了。

一种附带的好处就在于，无论审判结果如何，卷入了这些审判的人都会因为他们让自己牵连到了一种犯罪行为之中而受到惩处，不过，比武审判法与神明裁判法的棘手之处却是人们很难去理解上帝的公平正义。当时的人并不蠢：他们都很清楚，您可以用简单的花招成倍地增加有利于自己的机会。由于认为考验上帝并不是一个好主意（尤其是考虑到罪犯能够"骗过"这种制度），因此在第四次拉特兰公会议上，英诺森三世就颁布了谕旨，禁止神父参与神明裁判或者为此种裁判中所用的工具祈神赐福。幸运的是，司法体系已经将这些审判方法抛到了一边。

此后的司法体系是如何发挥作用的？

最简单地来说，中世纪欧洲各地的法律体系都分成了两个部分，即世俗法庭与教会法庭。教会法庭由教会管辖，对所有的神职人员都有审判权。世俗法庭则是在国王制定的法律范畴之内运作，对其他所有人具有管辖权。可即便有了这些区别，当时的局面却还是有点棘手：违反教会律令的罪行，比如通奸、亵渎神明和异端邪说，都由教会法庭来审判，而危及社会的罪行，比如盗窃、杀人和强奸，则是由世俗法庭来审理的。教会法庭对罪犯做出的惩处大多是忏悔与羞辱，并不允许让罪犯流血。世俗法庭则会对人们课以罚金、判处他们肉体惩罚或者监禁之刑，甚至对他们处以死刑。假如教会法庭要求处决某人，比如圣女贞德，它就会以叛国的罪名（当时的人认为，异端邪说完全与公然背叛国家一样有害于社会）将其移交给世俗法庭，此后教会法庭虽然撒手不管了，但终究还是达到了它的目的。

让局面变得紧张的另一个因素就在于，凡是由教会培养成了神职人员的人，哪怕是低级的神职人员，也会自动归由教会的律法去管辖。这就意味着，一个普通人犯了杀人之罪有可能被判处绞刑，而一位神职人员犯了杀人之罪却只会被判处忏悔。

> 为了证明自己拥有"神职特权"，您通常只须用拉丁语背诵"主祷文"（*Paternoster*）就行了。不出所料的是，一些聪明但从未进过教堂的罪犯很快就学会了背诵"主祷文"，以逃避王室司法体系较为严厉的惩处。

这种对同一罪行施行不同惩罚的制度，以及神职人员滥用特权的现象，事实上在12世纪就开始让英格兰的亨利二世[1]大感恼

---

1 亨利二世（Henry Ⅱ，1133—1189），英国金雀花王朝的首位英格兰国王（1154—1189年在位）。

火了。他曾任命自己的朋友托马斯·贝克特[1]担任坎特伯雷大主教（Archbishop of Canterbury）一职，因为他相信贝克特会帮助他对这种制度加以改革——当然是有利于国王司法权的改革。然而，贝克特（不情不愿地）就任之后，却固执地拒绝合作，不愿将神职人员置于世俗的法律管辖之下。这成了两位有权有势的人之间矛盾的症结所在，最终导致了贝克特殉道。亨利二世让所有人遵守同一种法律的梦想，便随着贝克特的离世而破灭了，欧洲的其他国家也注意到了由此带来的后果。尽管如此，亨利二世还是成功地强化了英国法律中的其他一些内容，使之更加接近于当今英国所用的法律体系了。

在中世纪的审判中，做证的人曾被要求对着福音书发誓，承诺他们的证词是真话（犹太教徒则是对着《摩西五经》[2]发誓）。证人会接受质询，而所提的问题与证人的回答都会由一名法庭书记员记录下来。一旦听取了所有的证词、审查了法医的证据，法官或者陪审团就会做出裁决了。总的来说，当时的人都很信任这个集权制的司法体系。这一点也是亨利的儿子约翰王（不甘心

---

1 托马斯·贝克特（Thomas Becket，1118—1170），英国政治家兼教士，曾任英格兰国王亨利二世的大法官兼上议院议长（Lord Chancellor）、坎特伯雷大主教（1161—1170年在位），后被人谋杀。
2 《摩西五经》(Torah)，犹太教的法典，包括基督教《圣经》中的《创世记》《出埃及记》《利未记》《民数记》和《申命记》5卷，是犹太教的基本教义和法律来源。亦译"律法书"，或者音译为"托拉"。

地）把（人们）"应由同等地位之人的法律裁决"来进行审判一条写入了《大宪章》的原因之一。

他们使用过法医证据吗？

使用过。我们若是认为中世纪的人没有注意到可疑的伤口、撕破的衣服、油漆的污渍或者武器的痕迹之类的情况，那就错了。要知道，那时的他们为了养活自己，常常必须注意并且解读自己所处的自然环境中的微小细节。与如今一样，法医证据有时就是确定一个人有罪或无罪的关键因素。

当有人成为犯罪行为的苦主或者发现有人犯下了罪行的时候，他/她马上就会发出"呼救声"；这就意味着，根据法律规定，社区中的每一个人都应当停下手头正在做的事情，前去帮助这个人。由于当时没有集中化的警力，因此人们认为，快速反应就意味着群众可以追捕犯罪分子并将他们逮捕归案。然而，罪行很多时候都是案发之后很久才被人发现，因此，为了寻找线索，人们就必须对犯罪现场进行勘查，就像如今一样。

虽然教会不允许进行解剖验尸，但死因可疑的时候，医生或者验尸官就会尽可能地对尸体进行检查以寻找线索。在法国南部的一份审讯记录中，一位年轻的妻子玛格丽达·德·波尔图（Margarida de Portu）遭到小叔子的指控，说她用毒药和巫术杀害了她的丈夫约翰（Johan）。一位本地医生查验了尸体，证实约翰并未中毒，因为尸体上没有显出中毒的迹象。相反，他得出结论说，约翰是死于心脏病发作。玛格丽达洗清了罪名——只能说差不多洗清了。那位善良的医生做证说，玛格丽达拒绝与丈夫睡在一起，从而导致了丈夫的心脏病发作：结果表明，约翰在性生活方面的那种无从宣泄的挫折感是致命的。对玛格丽达来说幸运的是，拒绝与配偶同床虽然是宣告婚姻无效的理由，却并不构成犯罪。她被释放了。玛格丽达的故事，不但证明当时的人实施了法医勘验，而且证明人们可以在受到谋杀指控甚至是巫术指控之后，被司法系统洗脱罪名。

假如人们不认罪，他们会受到严刑拷打吗？

这一点就取决于不认罪的那个人生活在哪里了。在欧洲的大部分地区，包括德国、意大利、西班牙、佛兰德斯[1]和法国，酷刑都是世俗与教会法律体系中公认的一个组成部分。但在英格兰，根据世俗法律的规定，酷刑却是不合法的。因此，欧洲大陆上的圣殿武士承认了各种各样的罪行——尤其是在法国，那里的宗教裁判官奉"公正王"腓力的明确指示使用了酷刑——而英格兰的圣殿骑士却没有类似遭遇，也就毫不奇怪了。

虽说当时的人可能接受了把酷刑当成一种手段来查明真相的

1　佛兰德斯（Flanders），中世纪欧洲的一个伯爵领地，包括今比利时与法国的部分地区。

做法，可他们并不赞同随意地使用酷刑。就算是在酷刑合法的法国，假如只有一位证人指控某人犯了罪，法律也禁止对此人进行严刑拷打，因为酷刑不是用来报复，而是用来伸张正义的。许多人还认识到，一个遭受严刑拷打的人几乎什么话都说得出来，这意味着他们的证词并不可靠。这一点，就是爱德华二世[1]反对让其管辖之下的圣殿骑士遭受酷刑的关键，他认为，那样干并不能查明真相（只是他最终屈服于压力，允许了这种做法）。

不管您信不信，反正如今我们看到的大多数中世纪刑具实际上都是维多利亚时期的人聪明地仿制出来的，旨在让人们相信中世纪的野蛮暴虐。"铁娘子"[2]"苦刑梨"[3]与臭名昭著的"贞操带"都不是中世纪的产物，当时也从来没人用过。就连"毒舌钩"[4]也

---

1 爱德华二世（Edward Ⅱ，1284—1327），英国金雀花王朝的第六位英格兰国王（1307—1327年在位），后被议会废黜而不得不放弃王位。
2 铁娘子（iron maiden），中世纪欧洲人用来处决、拷问或者折磨犯人的一种酷刑刑具，其外形像一个铁柜子，由铰链、大量钉子和两扇门罩组成，高度足以将一个人围在里面。由于关于其使用情况难以考证，所以有人认为它是虚构出来的。亦译"铁处女"。
3 苦刑梨（pear of anguish），中世纪用于惩处堕胎的妇女、说谎者、渎神者和同性恋者的一种刑具，行刑者会将它塞入受刑者的体内，因外形像梨而得名。
4 毒舌钩（scold's bridle），一种扣在女人的头上、外形类似于笼子、用来惩罚那些过于唠叨或者传播流言蜚语的女性的刑具。人们对这种刑具出现的时间意见不一，有人说是16世纪，有人说是17世纪，但大家公认它起源于英国，并且直到19世纪还在使用。

是近代初期才出现的。中世纪的人想要折磨一个人的时候，根本不需要什么精心制作的刑具就做得到。当时的圣殿骑士遭受酷刑的方式都很简单：慢慢被饿死、双臂被吊在吊刑架（strappado）上，或者用火烧炙他们的脚底板。那时甚至还有更加简单的方式，那就是用他们不得不无限期地被关在地牢里的威胁，以及持续不断的审讯所带来的心理损耗去折磨他们。他们当然就会认罪了。

我们很容易认为中世纪的酷刑与自己没有多大的关系，但从最近发生的一场场战争中，我们却会得知，如今仍然有人在秘密地遭到严刑拷打，因为在涉及国家安全方面的严重威胁时，人们都希望用酷刑来逼得口供，而中世纪的人认为，叛国与异端邪说都对国家安全构成了严重的威胁。虽然方法不同，但人们利用酷刑时的根本理念却是一样的。

中世纪的人总是在打仗吗？

尽管整个中世纪经常爆发小规模的冲突与战斗，但它们肯定不是每天都有发生的。在中世纪的大部分时间里，欧洲的大多数王国里甚至没有由职业军人组成的常备军队。这种情况的原因有二：首先，中世纪的政治制度将"军事支持"添加到了口头契约当中，因此一位国王在有此需要的时候始终可以征召到军队；其次，拥有一支常备军就意味着需要保障军队的衣食住行，同时在和平时期还须让他们不惹麻烦才行。战事变得比较频繁的时候——比如说在英法百年战争期间——各国的国王就得更加频繁地雇用雇佣军来获得他们所需的战斗技能了。可惜的是，大群大群的雇佣兵非但给各国带来了一支常备军的所有麻烦，而且毫无忠诚可言。此后（即中世纪末期以后），组建训练有素的正规军队似乎就成了一种明智之举。

虽说当时的人并非总是在打仗，但不可否认的是，中世纪的文化总体上是一种尚武好战的文化。尽管战争并不是贵族唯一需要学习和了解的内容——因为他们还须经管自己的庄园、为手下的百姓充当一名公正而睿智的法官、为国王出谋划策，同时不断增益自己的财产——但军事能力既是其贵族身份的重要组成部分，也是其封臣义务中的必要组成部分。连下层阶级的人也应当懂得如何使用武器，并且在必要的时候提供武器。对农民而言，他们很容易获得的武器可以是棍棒、匕首、弓箭和日常所用的工具，比如斧头和锤子。盔甲则是一件带有衬层或者煮过的皮革外套，加上一顶头盔，可能还有一面盾牌。虽然当时的人理应拥有自己的武器装备，但史料记载却表明，国王征召军队的时候会为他们配备武器，以便补足缺少的装备。下层阶级的人并非总是有机会接受良好的训练，这取决于他们在一起征战的时间长短，以及他们被征召入伍的次数，不过，他们却经常被派往前线，使用的武器是长矛、弓箭、匕首和（后来的）枪支。

长弓真的具有那么大的致命威力吗?

英国的长弓长达 6 英尺,通常由紫杉木制成,在 200 码[1]的距离之内能够取人性命。长弓很容易制作,人们也很容易学会使用长弓,只是他们需要数年的时间才能逐渐具有拉弓射箭的力气罢了。人们在都铎王朝时期的失事船只"玛丽罗斯号"[2]上发现的那种长弓,大小和重量都被改造过。据估计,其中一些长弓的开弓拉力(即完全将弓弦向后拉开所需的力量)超过了 150 磅。英国长弓射出的箭矢既能劈开锁子甲,也能击穿铠甲。它们的致命威力,我们是完全可以想见的。

在百年战争期间,英格兰的爱德华三世曾经立法禁止人们在休息日里开展任何体育活动,却提倡射箭,无论是用长弓还是用弩弓[3]。由于弩弓价格较贵,也较难获得,因此当时大多数人用的都是长弓。爱德华的想法是,这样就会让他在集结兵力对法国发动新的进攻时有大量的弓箭手可以选择了。尽管这种法律不可能为民众所乐见,但爱德华的不得民心之举还是带来了回报,对半

---

1 码(yard),英制距离单位,1 码合 3 英尺,约合 0.914 4 米。
2 "玛丽罗斯号"(Mary Rose),英国都铎王朝时期的一艘战舰,也是亨利八世的旗舰,1545 年出发参战时在朴次茅斯港(Portsmouth)沉没,1971 年沉船位置被确认,后来陆续被打捞上岸。
3 弩弓(crossbows),亦称"十字弓",主要由弩臂、弩弓、弓弦和弩机等部分组成。

个多世纪之后亨利五世[1]手下那支寡不敌众、饥肠辘辘和病号众多的军队来说尤其如此：正是他们使用长弓的高超本领，才让他们在阿金库尔[2]的杀戮场上幸存了下来。

> 射箭时所用的靶子被称为"箭靶"（butts），这就是如今一个成为嘲弄对象的人仍然被称为笑"柄"（butt）的原因。

弩弓怎么样呢？

弩弓的致命威力极其强大，以至于英诺森三世曾经禁止人们用弩弓去对付其他的基督徒（只是没人重视罢了）。弩臂（板条）可以是木制或钢制，或者由木、骨合制，而弩托则为木制，下方带有一个扳机。为了将弓弦往后拉开，弓箭手会用一只脚踩住弩弓前面的蹬部，有时则会使用曲柄、手柄或者绞盘。一旦弓弦全部拉开，弓箭手就会给弩弓装填上一支弩箭（方镞箭）。

---

[1] 亨利五世（Henry V，1386?—1422），英国兰开斯特王朝的第二位国王（1413—1422年在位），是继爱德华三世之后第二位在百年战争中做出了巨大贡献的君主，他曾率军打败了法国，成了法国的王位继承人。
[2] 阿金库尔（Agincourt），法国旧时圣波尔县（现为加来海峡省）的一个地区。1415年，英王亨利五世曾率军在此与法军发生过一场著名的以少胜多的战役。当时，以步兵弓箭手为主力的英军击溃了由大批贵族组成的法国精锐部队，为随后英军在1419年夺取整个诺曼底奠定了基础。

弩弓的威力要比长弓更加强大，然而，极其巨大的开弓拉力却导致弩弓装填箭矢的速度要比长弓慢得多。尽管如此，在某些情况下还是值得用装填速度来换取威力的，比如说在围城战中，弩箭手在重新装填箭矢的时候就更可能获得可靠的掩护。虽说英国人的长弓拥有最可怕的威名，但众所周知的是，当时最具致命威力的是意大利热那亚（Genoese）的雇佣兵所用的弩弓。

骑士的情况如何呢？

骑士是一个完全与众不同的阶层，他们需要进行终身训练，通常必须具有贵族的血统，并且必须拥有大量的武器装备。虽然当时国王可以在战场上授予手下的人骑士身份，也确实有人这样干过，但国王向一位平民授予骑士身份却是不当之举，除非是国王愿意帮助后者购买所需的装备。

> 骑士在法语中被称为"武士"（chevaliers），它源自"马匹"（cheval）一词。这也是英语中表示侠义行为的"骑士精神"（chivalry）一词的来源。

一位骑士最显著的标志，就是他所骑的马匹。骑士的战马被称为"军马"（destrier），它不但会接受训练，身处战场之上的时候对杀声震天、战斗景象和血腥气味无所畏惧，还会被训练成骑手伙伴。军马会接受踩踏、踢踹、撕咬和直接冲锋陷阵等方面的训练。这可不是说军马根本就不会感到害怕，偶尔，它们也会纯粹因为害怕受伤、害怕被困在战斗中而造成各种各样的混乱局面。更确切地说，最优秀的军马都会身体强壮、灵活敏捷、训练有素且勇敢无畏。它们都极其珍贵、售价高昂，一位骑士在比武中失去一匹军马时之所以会感到非常难受，原因之一就在于此。

骑士赢得一场战斗和比武时牢牢坐在马上的本领，都是通过日常的练习逐渐磨炼出来的。骑士们会模拟他们在战场上必须进行的那种英勇冲锋，一个小时又一个小时地用长矛攻击枪靶。枪靶是一种木制的T形桩，能够绕着中心轴旋转。枪靶横臂的一端系着一个靶子，另一端则吊着一个重物（比如沙包）。骑士的长矛若是以合适的角度和速度击中了枪靶上的靶子，重物摆动的时候就不会伤到骑士。假如骑士没有击中或者往前冲得太慢，沙包就会摆过来击中他，有时甚至会把他撞下马去。

当然，在骑士从马上掉落下来（不管是意外掉落还是有意为之）的时候，他必须懂得如何在徒步的情况下用剑、战斧和匕首去进行战斗了。中世纪晚期的双手剑，长度可以超过3英尺。只不过，有时使用较短的"混种剑"更加实用——之所以叫作"混种剑"，是因为它们既可以单手使用，也可以双手使用。就算骑士的剑没有刺穿对手的盔甲，击刺的力量还是有可能给对手造成内伤。骑士最容易受到攻击的部位，就是盔甲的缝隙处：脖子、脸部和腹股沟。当然，颈部和脸部的伤口往往都是致命的，而腹股沟处的刺伤或者割伤则有可能切断股动脉，这就意味着敌人会迅速失血，死在战场之上。

中世纪晚期一名骑士的全副盔甲中，包括相当多的装备。除了束腰短上衣和长筒袜，骑士还会穿上一件带有衬垫的铠甲衣，好在受到打击时吸收一定的冲击力，同时防止盔甲受到磨损。此外，他还会有一件锁甲衣（胸甲）、一顶锁子帽（防护帽），以及锁子紧身裤。过后，他会用皮带将一些金属甲片系到身上，将肩膀到脚趾的部位全都遮住。最后，骑士会戴上手套和头盔，同时可能还会穿上一件外套或者一件无袖外罩，也就是一件宽松的束腰外衣，上面饰有骑士的纹章颜色与标志，旨在确定隐身于金属盔甲之下的那位骑士的身份。

> 中世纪的人把锁子甲称为"链甲"，而把板甲称为"铠甲"。虽然我们如今往往会把前者称为"锁子甲"，中世纪的人却会觉得这种叫法不简洁。

穿上那么厚重的盔甲，他们还能行动吗？

现代人居然认为骑士穿着盔甲就不能行动了，这种想法可真是令人觉得惊讶，因为常识告诉我们，一位骑士若是不能动弹的话，那么一旦掉落马下，他马上就会被人杀死。不管您信还是不信，反正就算是全副武装，当时的骑士也是能做到行动灵活的。

让·勒曼格尔二世[1]——此人更广为人知的名字是"布锡考特"（Boucicaut）——的传记作者，就说明了布锡考特进行全副武装的训练时都需要干些什么：

> 他会训练自己在全副武装的情况下跃到马背上去，而在其他情况下会徒步长跑来增强自己的体力与耐力，或者会手持战斧、锤子训练数个小时之久，来逐渐适应盔甲或者锻炼胳膊与双手的力量，这样全副武装的时候，他就能够轻而易举地抬起胳膊了。……他可以在全副武装、只是不戴（头盔）的情况下做一个完整的后空翻，还可以在穿着锁子甲的情况下跳舞。

布锡考特还能做其他一些事情，包括在两堵"如塔楼一般高"的墙壁之间攀爬，以及只用双手，从一架"斜靠在墙上的梯子"下侧爬上去。尽管这位传记作者努力要让布锡考特的做法听上去让人觉得钦佩——主要是通过他投入的大量训练与时间来表现——但正如现代重建考古学所表明的那样，当时一名全副武装的骑士都是能够做到这些的。

---

[1] 让·勒曼格尔二世（Jean Ⅱ Le Meingre, 1364—1421），英法百年战争期间法国的著名将领，曾率法军参加阿金库尔战役，但被亨利五世俘虏，最终客死英国。

的确，当时身披厚重甲胄的骑士在某种意义上确实较为脆弱，那就是他们有溺水身亡的极大危险。许多骑士都死在了河流渡口或者沼泽地带的战斗中，因为他们无法浮出水面，或者被敌人脸朝下地踩进了淤泥之中。

骑士需要经常运用他们的战斗本领吗？

尽管骑士进行的大部分训练都是为了让他们做好骑着战马、英勇冲锋的准备，但中世纪的大多数战争都是以围城战的形式进行的，因此有些骑士在比武场上运用骑术的频率很有可能多于他们在战场上发挥骑术的次数。历史已经一再证明，由一支军队向另一支军队发起迎头猛攻的鏖战，结果是极难预料的，以至于一支寡不敌众而又装备不足的军队仍有可能在重重困难之下获得胜利。城堡拥有坚固的城墙与许多的防御工事，使得它们易守难攻，因此成了大多数战斗的关键之地。

最早的城堡都是以"城丘加堡场"（motte and bailey）的风格建造而成的。城丘（motte）是一座隆起的小山，要么是天然小山，要么是人工筑成的小丘，上面会修建一座塔楼。城丘脚下，就是一个叫作堡场（bailey）的区域，其中有支持那座塔楼所需的一切建筑，比如铁匠铺、马厩和营房，它们都被用一道栅栏围了起来。随着时间的推移，防御工事日益以同心圆的形式增加，导致出现了"内堡场"和"外堡场"之分。即便是最精心建造的城堡，其布局往往也仍是让防守者在外层防御工事陷落之后能够撤退，直到最终防守者可以到最内层那座坚固的塔楼或者主楼的墙壁之后去躲避。虽说主楼常常就是城堡的所有者，即领主的家，但主楼的墙壁通常都厚达数米；这就证明主楼的墙壁还发挥着最终一道防线的作用。

> 当时，人们会把囚犯带到城堡的主楼里看管起来。法语中表示主楼的词是"donjon"，英语中的"地牢"（dungeon）一词就源于此。

围攻是如何进行的呢？

一旦住在城堡里的人得知自己即将遭到围攻，他们就会躲到城堡里面，闭锁城堡，收起吊桥，放下被称为"吊闸"的巨型大门。接下来，他们就是尽力收集武器、组织补给，并且等着了。城墙上会设置弓箭手和瞭望哨，他们都可以躲在垛口的后面——垛口就是一座城堡的城墙顶上那种规则的矩形部分，它们看上去就像一排牙齿，为城堡赋予了传统的独特轮廓。

围攻的一方则会在城堡看上去最薄弱的城墙前面排兵布阵，并且会很小心地把营帐设在弓箭的射程之外。只要做得到，那就最好是把城堡完全围住，这样防守的一方就没有机会获得补给或者经由后门逃跑了，只不过，人力与物力匮乏经常意味着他们必须进行集中攻击。

最有效地攻破一座城堡防御工事的方法之一,就是"挖坑道",即在一堵城墙或者一座塔楼下面进行挖掘,然后让坑道坍塌,让城墙随之崩倒。不用说,这也是一件极其危险的事情,因为坑道工在干活时会不断遭到守军箭矢的攻击,同时还有他们在坑道里面时坑道可能会坍塌的危险。尽管如此,只要下方的泥土挖得进去,挖坑道就是当时一种常见的战术。有的时候,守军甚至会反向挖掘坑道来阻击进攻者,而在两条坑道交会的地方,就会发生一场场血战。

英格兰的史料中记载有一个挖坑道进攻城堡的著名例子,发生在约翰王拒绝执行《大宪章》之后发生的那场内战期间。在围攻罗彻斯特城堡(Rochester Castle)的时候,约翰王手下的坑道兵在城堡南面的塔楼下挖掘了一条坑道,并且用木梁支撑着,再将木梁涂上猪油,然后点着了它们。那座塔楼垮塌下来了,但叛军依然设法坚守了两个月。数年之后,约翰王的儿子亨利三世(Henry III)重建了罗彻斯特城堡的南塔楼,但这一次采用了一种更新式、更牢固的风格:因此时至今日,罗彻斯特城堡仍以其中有一座圆形塔楼为特色,而不再是四座塔楼都是原来那种四四方方的诺曼式塔楼了。建造圆形塔楼是为了更好地抵御威力日益强大起来的攻城器械,其中就包括了一种可怕的新式武器:配重式抛石机。

什么是抛石机？

抛石机是投石器的改进版，但规模要大得多。投臂的一端有一个方斗，里面装着沉重的沙包或者石头，另一端则系着一个投石器。人们会用绞盘把加重的一端升入空中，同时给投石器装上一种很重的抛投物，通常都是一块巨大的石头。松开加重的那一端之后，方斗就会迅速下沉，将投石器向上抛起，让一端脱落，抛投物便会弹向目标。

当时的抛石机是一种真正可怕的武器。校准抛石机可能是一件十分棘手的事情：方斗太重或者太轻、投石器的摩擦力太大或者太小，抛石机都有可能将抛投物弹向正上方，甚或是朝后发射。尽管如此，一旦校准了，抛石机就会变得极其准确与可靠，很容易在相对较短的时间里摧毁一座塔楼或者一堵城墙（这取决于塔楼或城墙的大小），而无须围攻的人去靠近它们。史书中的一些记载提到，有时只须用抛石机发射几块石头，守军就乖乖投降了。有史以来最大的一台抛石机名叫"战狼"（Warwolf），是爱德华一世[1]手下的军队为围攻斯特林城堡（Stirling Castle）而建造出来的。苏格兰人看了一眼之后，不待这台抛石机发射炮弹就

---

1 爱德华一世（Edward I，1239—1307），英国金雀花王朝的第五位国王（1272—1307年在位）。他是亨利三世的儿子，绰号"长腿"爱德华（Long Shank）、"苏格兰之锤"（因他对苏格兰人民的镇压而得名），是金雀花王朝最重要的代表君主之一。

投降了，不过，爱德华一世却不许他们出来，让他们继续待在城堡里，好让他测试测试这台抛石机的威力。

抛石机还有一个优点，那就是能够把抛投物抛过城墙，而不仅仅是把抛投物砸到城墙上面。这一点很有用处，因为抛石机上可以装填燃烧着的抛投物，它们落地之后就会让城堡堡场里的木制建筑物燃烧起来。更加糟糕的是，抛石机还可以用于心理战与生物战。史料中记载有攻城者把人头与尸体抛到城墙里面去的案例，其中有一个例子，就是蒙古人曾经把黑死病感染者的尸体抛入卡法（Caffa），让城中的人感染这种瘟疫。

围攻者还有什么办法可以攻进去？

在挖掘坑道和使用攻城器械的同时，进攻者还会配合以直接攻击。圣女贞德尤其喜欢使用这种策略，因为这样做似乎会打敌人一个措手不及。她不会等着大炮发挥出威力，而是不顾危险，身先士卒地扑向城墙。这种非正统的战术，可能就是她在早期所向披靡的关键，比如她在奥尔良（Orléans）的时候就是如此，只不过，这种战术也让她受过不止一次伤。

进攻者会在弓箭手的火力掩护之下，扛着梯子——就像布锡考特的传记作者所描述的那样——爬到城墙上去。他们也可以使用抓钩与绳索。每一种方法都需要攻城者具有极大的勇气，因为他们攀爬时极易受到攻击，守军既会对他们本身进行攻击，还会攻击梯子与绳索。一旦成功地爬到了城墙顶上,他们替身后那些沿着梯子上爬上来的人清理道路的时候,也还是很容易跌落下去。

另外一种要说更加复杂却也更加安全的方法,就是建造攻城塔或者"钟塔":这是一种带有轮子的木塔,可以推到一座城堡的城墙边上。这种攻城塔通常都盖着用尿液浸泡过的皮革,以防它们着火。一旦推着攻城塔就位,进攻者就可以顺着塔内的梯子往上爬,而不用担心梯子被砍断或者被推离城墙了。

就算进攻者能够用火或者攻城槌攻破城堡的大门,里面也会有更多的危险在等着他们。通常来说,城堡的大门通道里设有两道吊闸,这意味着那些突破了外门的人还须攻破内门才能进去。与此同时,守军却可以从入口通道顶上设有的"屠坑"(murder holes),往下方的进攻者头上砸石头、泼开水、倒滚烫的沙子,而不会特别容易遭到后者的反击。往下倾倒滚油会浪费宝贵的燃料(那样做还有可能让自家的城墙着火,所以不是一个好办法),但倒开水同样可以烫伤进攻者,而滚烫的沙子则会掉进敌人盔甲上所有的细小缝隙里,既可以灼伤敌人,也会让他们痒得要命。就算进攻者攻破了这道城墙,接下来也很可能还有一道护墙或者一道道巨大的堡场石墙需要他们去对付。

然而,最成功地打赢一场围城战的一种方法,却不一定是直接去"打"。中世纪的士兵都知道,只要切断一座城堡的给养,里面的人最终就会饿死——起码他们也会为了避免饿死而自相残杀，然后乖乖投降的。可惜的是，对于攻守双方来说，等待都是一场与时间赛跑的游戏，因为围攻者同样必须为己方的部队提供那么久的军粮给养。此外，冬季的寒冷天气与疾病也是他们一直担心的问题。这就意味着，许多的围攻都曾因为天气太恶劣或者因为围攻者染病不愈、难以为继而告解除。

当时有没有爆发过激烈的鏖战呢？

有。中世纪一些最著名的战役（比如克雷西之战[1]、黑斯廷斯之战[2]、阿尔茹巴罗塔之战[3]）都属于激烈的对阵战，这一点很可能

---

[1] 克雷西（Crécy）之战，英法百年战争中的经典战役之一，发生在1346年，因地点位于法国蓬蒂厄（Ponthieu）的克雷西村以西而得名。当时，兵力远少于对手的英军以长弓兵大破法军的重甲骑士与弩弓兵，使得此役成了世界战争史上一次以弱胜强的典范。

[2] 黑斯廷斯（Hastings）之战，指1066年英格兰国王哈罗德（Harold Godwinson，1022—1066）所率的盎格鲁-撒克逊军队与诺曼公爵威廉一世（William Ⅰ，1028?—1087，即"征服者"威廉）所率军队在英国的黑斯廷斯进行的一场战役，最终以威廉一世获胜、哈罗德战死而告终。人们认为，此战也是欧洲中世纪盛期开始的标志。

[3] 阿尔茹巴罗塔（Aljubarrota）之战，指1385年西班牙卡斯蒂利亚（Castile）国王胡安一世（Juan Ⅰ，1358—1390）率军在（葡萄牙的）阿尔茹巴罗塔与若昂一世（John Ⅰ de Portugal，1357—1433）指挥的葡军之间进行的一场战役，最后以若昂一世获胜并且建立了葡萄牙阿维什王朝（Dinastia de Avis）而告终。

就是我们往往认为这种激战在当时最为常见的原因。然而，鏖战之所以值得颂扬，在很大程度上却是因为胜利方深感欣慰，毕竟他们最终获得了胜利。

激烈的对阵战不但取决于双方军队的规模与装备，而且像围城战一样，取决于天气、给养供应和军队的健康状况，以及地形地势。理想的战场就是己方军队所在之处地势较高、地面较干燥，侧翼有天然的屏障，军队则是背着太阳列阵。不过，就算己方拥有其中的一种或者所有优势，战斗结果也还是不能说已成定局，比如黑斯廷斯之战就是如此。

战斗通常都是随着一方军队向另一方逼近，从双方都使用远程武器开始的。经历一波箭雨之后仍然屹立着的守军会打起精神，做好抵抗进攻的准备，组成一道长矛和盾牌的墙壁，以便扎死步兵、击退骑兵。骑兵可以迅速绕到两翼，策马朝敌军猛冲过去，但重要的是双方都必须阻止对方攻到己方的防线后面去。假如步兵组成的防线很坚固，他们就可以将进攻者逼退；假如那道防线被击溃，那么人人都得为自己而战了。

虽说当时一些聪明的领导人想出的许多复杂战术都很不错（其中的许多战术还具有独创性），但经常出现的结果却是一切都乱了套、人人都在尽力保命。与我们普遍持有的观点相反，当时的人根本不会在国王被俘的那一刻就放下武器：他们会苦战到底，直至战斗血腥地结束。近期发现的理查三世[1]的遗骸就证明了这一点。中世纪的人并不是拿着棍棒与石头在玩耍，而且他们往往也并不高尚。他们是在殊死搏斗，为了活下来，他们会不择手段，干一切必须去干的事情。

骑士的传统要求他们俘虏贵族并索要赎金，因为索要赎金是一种很有用处的手段，既可以筹措发动更多战争所需的资金，也可以确保敌人缺少资金。就连地位较低的俘虏，有时也会被索要赎金，尽管更常见的情况是他们会遭到杀害，因为他们的赎金实在太少，不要也没有关系。虽然亨利五世有着深受爱戴的美名，可他曾经下令将阿金库尔战役中俘获的所有法国人统统杀掉，而不管那些俘虏的社会地位如何或者可能支付的赎金多寡，这一举动震惊了整个欧洲。无论当时他是觉得自己只有那样干才能逃脱，还是出于报复才那样干的，有些人称，这是骑士精神消亡的时刻。

枪炮是中世纪发明的吗？

相比于上文中所谓的"骑士精神的消亡"而言，永远改变了

---

[1] 理查三世（Richard Ⅲ，1452—1485），英国约克王朝的最后一位国王（1483—1485年在位），他是爱德华四世（Edward Ⅳ，1442—1483）的弟弟，在王兄死后享有摄政之权，后来据传杀害了侄子兼王位继承人而登基，并且镇压了要求继承王位的白金汉公爵（Duke of Buckingham）等人的叛乱，但最终因部下叛变而被杀。

战争的因素其实是欧洲出现的火器。尽管当时亚洲各民族懂得使用火药已有数百年之久，但欧洲人是直到14世纪初才开始使用大炮的。与其他诸多的技术进步一样，我们很难确定世间的第一批火炮究竟是在何时何地发明出来的，可它们一问世，人们对火炮的利用就像野火一样不断蔓延开来了。

早期制造的火炮可以像抛石机一样快速（甚至更快地）轰倒敌方要塞的墙壁，而且它们比抛石机要小得多，更容易操控和瞄准，重量也（相对）较轻。尽管当时的火炮不再需要将一种极其沉重的东西升到空中，不再需要完成这个危险的步骤，但它们还是有可能走火，炸死操作火炮的人。因为它们是用铁和青铜制成的，所以人们在考古发掘中极少发现早期的火炮。当时，旧火炮都是被人们简单地熔化掉，重新铸成新的火炮。

火枪也是快到中世纪末才开始使用的；（使用之时）它们具有致命的威力，可以穿透那种已经证明能够极其有效地对抗利剑的铠甲。最终，在战斗大多发生于相距很远的两军之间的情况下，连披上铠甲似乎也成了多余之举。当时人们仍在使用刀剑，比如近代初期著名的法国火枪队除了火枪，还会随身带着刀剑，只不过，剑的尺寸变小了，双刃剑开始比长剑更受欢迎，而一种新的剑术也就此诞生。在对手没穿铠甲的情况下，他们自然不再需要用到一把巨剑了。随着岁月流逝，中世纪那种令人生畏的弓箭手也被火枪手取而代之，因为一旦拥有了一座足够庞大的军火库，教会任何人瞄准与射击就成了小事一桩。

不可否认，中世纪的战争是十分恐怖的，可话说回来，战争本身就会令人感到恐惧。本章探究的，是中世纪欧洲的生活当中一些最丑陋的方面。虽然用最糟糕的时刻去评价任何一个社会可能都是公平的，但用暴力去评判中世纪似乎却有失公允，除非我们愿意用同样的标准来评判近代的历史（这可是一种令人不安的想法）。

在反思中世纪的公平正义（就算不去反思战争）之时，重要的是要记住，当时人们关注的重点**在于**公平正义，而不是为了暴力而使用暴力，或者为了开心而去使用暴力。假如问题能够通过罚款或流放来加以解决，当时的人就会积极地尽力避免实施肉体惩罚与判处死刑，而受到指控也不一定意味着会被定罪。虽然看到这种信息逐渐渗入流行文化之后会让电影与书籍的戏剧性都大打折扣，但中世纪的人对待暴力的态度确实既没有最初看上去的那么残忍，也没有那么让我们觉得陌生。

第五章

信仰的时代

Chapter Five　The Age of Faith

中世纪之所以常常被称为"信仰的时代",是因为现代的人认为,在中世纪时,人们的心灵与思想都只由宗教信仰所支配,他们毫无质疑或者怀疑之心,几乎也不容犯错。然而,人类天生好奇,这会让我们当中的任何一个人在做任何事情的时候,都难以做到毫无疑问、毫不怀疑或者毫不犯错,更不用说那样去度过我们的一生了。

诚然,当时天主教会的实力要比此前或者此后都更加强大,但中世纪的宗教信仰却有着千差万别,同时人们对待宗教差异(无论大小)的宽容度也是如此。神学家们付出了大量的时间,辩论并且明确制定了虔诚的基督徒应当奉循的严谨准则。尽管基督教是当时占有主导地位的宗教，它却绝对不是中世纪的欧洲人唯一信奉的宗教。中世纪的许多城镇里都有犹太教群体，西班牙与葡萄牙则在数个世纪里信奉着伊斯兰教。让这三种宗教信仰中的纯粹主义者（purists）都深感憎恶的是，经由大学、市场和十字军东征运动，人们之间经常发生着思想观念的交叉传播。无论罗马教廷颁布过多少份说明和谕令，中世纪的宗教信仰都是一个复杂而棘手的问题，宽容与褊狭、信仰与怀疑相互纠缠在一起。

中世纪的欧洲由教会统治着吗？

可以说是，也可以说不是。虽然当时欧洲各国的重大决策大都由国王或女王做出，但在中世纪，王权与宗教并没有分离。中世纪的国王与女王都是凭借"神权"来实施统治的，也就是说，人们认为国王与女王的身份皆由上帝所赐，他们的行为也获得了上帝的授权。在他们的加冕典礼上，都是由大主教给国王施行涂油礼，然后把王冠戴到国王的头上。从那一刻起，国王的身体就变得神圣起来了。

> "朕"（royal we）——君主会如此自称，而不会自称为"我"——这种称呼是对过去时代的回归，因为以前人们认为，受过涂油礼的国王不只是一个人：他有一部分是神。

尽管国王或女王身上带有神性,但在宗教改革运动[1]之前,人们都认为教皇才是世间的最高权威,这意味着即便是王室,也应当服从教皇的意志、奉守教皇的谕令。然而,这并不是说国王就不会向教皇施加巨大的压力,好让他们可以按照自己的方式去看待问题。法国的"公正王"腓力曾向教皇克莱芒五世(Pope Clement V)施压,要求后者解散圣殿骑士团;而在克莱芒五世仔细考虑的时候,腓力居然还把手下的军队部署在了可以攻击到教皇宫殿的距离之内。

教皇对中世纪王权与政府的方方面面都产生了影响:从通过不予执行近亲禁令或者支持有关近亲关系的争议来祝福或反对王室之间的联姻,到将整个王国置于禁罚之下,到召集十字军东征,再到在各国之间斡旋和平,莫不如此。英法百年战争期间出现过两位教皇,其中一位在罗马,另一位则驻跸阿维尼翁[2];在此期间,欧洲国家便根据各自的政治与宗教路线,分裂成了不同的阵营,

---

1 宗教改革运动(Reformation),16世纪欧洲基督教的一场意义重大而深远的改革运动,时间大致是从1517年马丁·路德提出《九十五条论纲》起,到1648年《威斯特伐利亚和约》出台为止。该运动奠定了新教的基础,同时瓦解了天主教会所主导的政教体系,打破了天主教的精神束缚。
2 阿维尼翁(Avignon),法国东南部的一座城市。14世纪克莱芒五世当选教皇之后并未前往梵蒂冈就任,而是将教廷搬到了此地;后来,共有7位教皇驻跸于此。

即便是在国王相对于大主教的这个层面，精神力量也是很强大的。英格兰的亨利二世（无意或者有意）允许杀害坎特伯雷大主教托马斯·贝克特之后，曾不得不低声下气地光着脚走到贝克特的坟墓之前，任由80多位神职人员击打他的后背，以作忏悔。

几百年过后，当亨利八世与罗马教廷决裂并将教皇的权力夺为己有时，他不但改变了英国的宗教信仰，而且开创了一个先例，这将改变欧洲的权力结构。

人们如何践行他们的宗教信仰呢？

基督教渗透到了日常生活的各个方面。当时的欧洲在地理上分成了若干个教区，每个教区都由一位主教负责，确保满足手下教众的精神需求。在农村地区，这说起来容易做起来难。当时的农村地区，常常是由巡回神父来提供服务的，后者会在整个地区巡回布道并举行圣事圣礼。出于切实可行的原因，教会并未规定人们每个星期都须参加弥撒才能获得救赎。当时的最低要求，就是在每年的复活节参加一次告解和圣餐仪式。

祷告和宗教仪式融入了人们的日常生活之中，从饭前的感恩祷告到佩戴念珠，再到每个星期五吃鱼，方方面面都是如此。与基督教联系得最为频繁的内容，就是人们的计时方式了。在中世纪的欧洲各地，教堂里的钟声每隔一段固定的时间就会响起来，宣告祈祷时间已到，也就是做祷告或者举行礼拜仪式中某些部分的准确时间到了。祷告时刻之间,实际上并不是以一个小时为间隔,而是相距更久,从清晨(黎明之前)的早祷(Matins)开始,接下来依次是晨祷(Lauds)、早课(Prime)、午前祷(Tierce)、午时祷(Sext)、午后祷(Nones)、晚祷(Vespers),以及天黑之后的睡前祷(Compline)。每当钟声响起,修士、修女们就应当做祷告,连夜间也不例外。有些修道院里从宿舍到圣所之间建有"夜间楼梯"的原因就在于此:这样的话,修士、修女们就可以从床上匆匆爬起来,到楼下去做祷告了。教会并未要求普通百姓为了做祷告而不睡觉,除非是他们要进行某种严肃的忏悔。

除了时间是按照宗教惯例来计算的,日期也是如此。当然,星期天是休息日,也是每周举行弥撒的日子;不过,当时还有许多神圣的日子需要纪念。西方社会如今仍然会纪念一些重大的节日,比如圣诞节与复活节,但以前还有好几个重要的神圣节日,比如米迦勒节(Michaelmas)、圣烛节(Candlemas)、基督圣体节(Corpus Christi)、圣灵降临节(Pentecost),以及一些圣徒的纪念日。其中,许多重大节日都需要举行庆祝活动与宴会,而在宗教节日里人们也是不被允许工作的,"假日"一词如今之所以仍然与请假休息联系在一起,原因就在于此[1]。

---

[1] 英语中的"假日"(holiday)一词由"神圣"(holy)与"日子"(day)两个词合成,这说明它最初指的是宗教节日(holy day)。

第五章　信仰的时代

阿尔弗雷德大帝为手下百姓制订了这样一种假日安排：

> 兹将下述假日赐予所有自由民，但奴隶或非自由民除外：圣诞节12天、基督战胜魔鬼的那一天、圣格列高利（St. Gregory）纪念日、复活节的前7天与后7天、圣彼得（St. Peter）与圣保罗（St. Paul）节1天、圣马利亚（St. Mary）节前整整1周的收获期，以及万圣节（All Saints）1天。

这种固定假日的天数可以与现代的许多假日分配方式相媲美，这意味着这些盎格鲁-撒克逊自由民的确经常是不用干活的人。

> 在中世纪的日历中，重大的宗教节日和纪念日都是用红墨水写下来的：它们都属于"红字日"[1]。

尽管如今的人们普遍那样认为，但当时的科学、技术与宗教信仰其实并不是相互排斥的。为了做祷告，时钟、沙漏与蜡烛都让神父很容易知道当时是什么时间。复杂的星盘让人们可以在大海上航行，并且在很大程度上依赖于伊斯兰教的几何计算，可

---

[1] 红字日（red-letter days），即重要和值得纪念的日子，多指圣徒纪念日，也可指"黄道吉日""大喜之日"等。

这却没有被基督徒视为恶魔的工具。虽说当时不允许进行尸体解剖，但法医对人类骸骨所做的分析也曾被人们用于破案。风力与水力磨坊使得修道院可以将谷物磨制成粉，为范围更加广泛的社区服务，就连当时的祈祷书中，也经常把4位福音传道者[1]描绘成戴着一种新奇的技术产品——眼镜——的形象。修道士罗杰·培根[2]是欧洲当时最具远见卓识的科学家之一，而在整个中世纪世界里，许多最进步的思想家也都是穆斯林。

至于科学与宗教信仰之间最严重的冲突，则出现在二者对宇宙布局的争论中。神学家认为耶路撒冷是一切的中心，也就是说，他们认为宇宙是围绕着耶路撒冷旋转的。（中世纪的地图总是把耶路撒冷绘在正中央。）从神学而非科学的角度来看，这种观点是可以理解的。然而，伽利略遭到教会迫害而变得声名远扬，则是中世纪过去很久之后的事情了。

谁负责满足人们的精神需求呢？

在中世纪的欧洲，神职人员分成了两类：一类是在俗教士，

---

[1] 福音传道者（Evangelists），指撰写了《新约》当中4部福音书的4位基督徒，即马太、马可、路加和约翰，他们所撰的福音书分别为《马太福音》《马可福音》《路加福音》与《约翰福音》。
[2] 罗杰·培根（Roger Bacon，约1214—约1294），13世纪英国具有唯物主义倾向的哲学家、自然科学家兼方济各会修士，是当时最杰出的学者之一。

他们都在民间活动；一类是常规教士，他们都住在修道院里，按照一种准则［即会规（*regula*）］生活着。在俗教士参与到了民众的日常生活当中，职责从担任神父与牧师到身居主教与大主教等职，不一而足。常规教士必须隐居在修道院里，过一种与世隔绝、静观默祷的生活，只不过，他们在现实当中更像是社区的一个组成部分，而没有被分隔得如此干净利落。

神父通常都附属于一座教堂或者一座私人礼拜堂，负责主持弥撒和向整个社区布道传教，并且有等秩较低的神职人员（比如助祭与副主教）协助他们履行职责。只有那些被正式授予了神父这一圣职的人，才能亲自主持圣礼。接受过教育却没有被授予圣职的神职人员，则可以担任其他职务；由于能读会写，他们经常在政治或者宗教管理部门任职。

当一名修士或者修女是什么感觉呢？

绝大多数修道会都有规定，其成员必须发誓坚守贫穷、贞洁与服从，但不同的修道会在"如何才能最好地侍奉上帝"这个问题上意见不一，其目的主要就是想在禁欲苦修方面胜过对方。尽管各个修道会所持的修道理念存在差异，但当时的大多数修道院都是按照《圣本笃会规》来经营、运作的。我们在前文中已经看到，《圣本笃会规》中概述了一切，从饮食到衣物、再到多久洗一次澡，对各个方面都做出了规定。

虽然修士与修女应当隐居于修道院里，并且尽量做到远离社会，但有些修士也被授予了圣职，目的则是让人们在找不到神父的时候，可以请这种修士去主持弥撒和临终圣事。此种情况还意味着，这些修士并非始终都能如愿以偿地远离尘世，而那种四处布道传教的托钵修士（比如方济各会修士），则是用某种东西去换取食物和住处。

9世纪的《圣加伦平面图》中勾勒出的那座自给自足的、理想的修道院，原本计划在一小块土地上容纳300人——其中既有修士，也有俗家会众（即那些没有发下修道誓言的人）。在俗家会众的协助下，修士们应当在祷告的间隙工作，维持修道院的运转。除了那些标准的所需之地，比如会众吃饭、睡觉和做祷告的地方，《圣加伦平面图》中还提到：

> 医务室、医师住所和一座草药园……（一处）公墓兼果园、修士的菜园，以及鸡舍、鹅舍……磨坊、研钵、烘干窑、工坊，以及不少于3座烤面包房与酿酒作坊。

在这幅平面图上，还留有为修士们修建一座图书馆和一间照明良好的缮写室（scriptorium）的地方，以及供俗家信徒，即"养鸡人、鞋匠、金匠、桶匠、马夫、磨坊工人与牧羊人"所用的空间。虽然不是每座修道院里都拥有这些便利设施与工坊，但看一看这座理想的修道院就会让我们了解到，其中需要含有哪些重要的设施，才能满足一个修道群体的日常需求。

当时的修道院也是学校吗？

是的。中世纪的修道院与大教堂不但是信仰中心与社区中心，也是学问的中心。当时负责教育下一代从事行政管理工作或者致力于神父生涯，为政务流程增添另一层精神奉献色彩的人，就是神职人员。很多时候，一位财政大臣也是一位主教或者大主教，因为他们都位居那时最有学问的人之列，他们接受了最正规的教育，并且是通过教会接受教育的。

圣本笃认为，"诵读《圣经》"是每一位常规教士的首要职责。事实上，他曾谕令说："每逢星期天，人人都应自由诵读，只有那些被派承担各种职责的人除外。"他还提出，应当派一些修士在诵读区巡查，确保没人在其他修士阅读经书时分散他们的注意力。反复干扰他人诵读且屡教不改的人，应当受到"令其他修士都感到害怕的"惩处，对如今一些酷爱阅读的人来说，这条规矩听上去可能根本就没有什么不合理的。

当时的女修道院也是一个鼓励女性学习，以便她们可以更好地理解神圣典籍的地方。对许多并不希望结婚生子的女性而言，修道院就是一个庇护所，她们可以在其中日复一日地学习知识、讨论神学。正是在此种环境下，像希尔德加德·冯·宾根[1]这样一些伟大的思想家与作家才能茁壮成长起来。通常来说，当时的寡妇都会选择到修道院里去隐居，而不是再婚，如果她们还面临着无法自己去选择下一任丈夫的风险，就尤其如此了。的确，在这些女性看来，由于其中的许多人都识文断字，因此能够终身在修道院的图书馆里看书学习，必定是一种神圣如天堂的选择。

男、女修道院对阅读的强调，使得它们变成了纯粹的课堂之外的学习与传播知识的繁忙之地，因为在中世纪早期的欧洲，完成大部分书籍抄录工作，尤其是宗教典籍抄录工作的人，正是各个修道群体。修道院里通常都配有缮写室，也就是修士们抄录和装帧书籍以便将它们保存在修道院的图书馆里、赠送他人或者进行售卖的房间。有的时候，抄录这些书籍的修士的文化水平也很高，可以理解典籍中的知识，还有一些时候，则是由不识字的修士简单地将字形抄录下来，这导致中世纪的典籍版本中出现了抄录错误。

有些学识渊博的修士，也曾自行承担起记录历史的职责，他们不但记录了自己所属群体的生活情况与大小事件，还记录了外

---

1 希尔德加德·冯·宾根（Hildegard von Bingen，1098—1179），中世纪德国的女神学家兼作家。她是一名天主教圣徒，曾担任女修道院院长、修道会领袖等职，同时也是一位了不起的哲学家、科学家、医师、语言学家、社会活动家和博物学家，著有《美德典律》(*Ordo Virtutum*)等作品。

部世界的情况与事件。如今的历史学家都对当时记载的这些史料深表感激,不过,我们必须对它们的真实性保持一定的怀疑态度。换言之,我们必须从当时的价值观、从作者是一位修道士的视角来看待这些史料记载中对人们——尤其是对女性——所做的或褒或贬的评价。

中世纪流传着许多关于圣徒的故事吗?

圣徒堪称中世纪的超级英雄:他们品行高洁,拥有多样而巨大的能力。圣徒们经常遭到异教徒极度残忍的折磨,却会平静地承受着无法形容的痛苦与耻辱,对上帝的伟大怀有坚定的信念。尽管从肉体的意义上来说,他们很少战胜邪恶——因为他们最后几乎总是以牺牲殉道而告终——可他们这样做,却有可能通过自己的坚韧刚毅与坚定信念,让民众大规模地皈依基督教。当时,人们都极其频繁地传颂着圣徒的故事(即圣徒传记),使之变得众所周知,因此只需用一个代表着他们的符号,就会让人想起这些圣徒来。圣凯瑟琳[1]的身体曾遭受车轮的碾裂,所以她成了车

---

[1] 圣凯瑟琳(St Catherine,约287—305),基督教圣徒和殉道者、4世纪早期的著名学者,因时常劝阻罗马帝国皇帝不要迫害基督徒而被判处了死刑。由于是以"碾轮"这一酷刑工具行刑的,所以她也被称为"车轮圣加大肋纳"。但根据传说,当她触碰到轮子时,轮子自己就坏了,故她最后是被斩首殉道的。

轮的同义词，圣塞巴斯蒂安[1]则是以他殉道牺牲时所中的利箭而闻名。在我们看来可能有点儿奇怪的是，中世纪的人在他们对主保圣人的祷告中也采用了这些符号，把它们当成了自己的标志。例如，圣凯瑟琳是车夫的主保圣人：他们用大车运送着货物穿行于中世纪的大城小市时，曾经折磨过圣凯瑟琳的车轮便成了他们永远存在的实力与虔诚之心的象征。

看一看中世纪的日历，中世纪受人崇拜的圣徒数量之多，必定会让我们大感惊讶。中世纪的许多教堂与座堂里都保存着圣物，以此来让教众感到他们更加亲近于上帝。从真十字架[2]的碎片到圣徒的身体部位，再到圣母马利亚的乳汁，一切都受到了世人的崇拜，而且人们常常声称，这些圣物有助于促成各种奇迹。人们还认为，有些圣物和圣殿要比其他圣物和圣殿拥有更加强大的力量。人们之所以前往坎特伯雷大教堂（Canterbury Cathedral）、圣米歇尔山（Le Mont Saint-Michel）和圣雅各大教堂（Santiago de Compostela）等地参谒朝圣，原因就在于此。随着越来越多的朝圣者成群结队地来到这些圣地，旅店、酒馆和

---

1 圣塞巴斯蒂安（St Sebastian，256—288），天主教圣徒，曾担任古罗马皇帝戴克里先（Gaius Aurelius Valerius Diocletianus，244—312）的禁卫队队长一职。

2 真十字架（True Cross），即钉死耶稣基督的那个十字架，属于基督教的圣物之一。

店铺也如雨后春笋一般涌现出来，发挥着为旅行者提供一切所需之物的重要作用，像极了如今那些主要的度假胜地。教堂曾向朝圣者出售徽章，以此来筹措维护教堂所需的资金，于是，朝圣者便可带着一件纪念品回家，纪念他们的这段旅程（或者向邻居炫耀）了。

当时所谓的真十字架残片与圣徒指骨的数量，自然远远超过了货真价实的真十字架残片与圣徒指骨的数量，一些无良之人曾经利用信徒的虔诚之心，将猪骨头和带有血迹的破布当成圣物卖给他们，但也不是人人都那么容易上当受骗，以为路边售卖的所谓"圣物"是真品。当时，出售与崇拜这些假圣物的行为，是整个中世纪教会面临的诸多批评之一。比方说，乔叟的《坎特伯雷故事集》里就讲述了一位出售赦罪符的人试图将一件枕套当成圣母马利亚的面纱上的一部分，连同其他一些假圣物一起出售的故事。

然而，尽管乔叟的笔调尖刻辛辣，《坎特伯雷故事集》的核心却是一场朝圣之旅：连其中最玩世不恭的角色也在朝圣，而没有指责托马斯·贝克特的神龛究竟有什么实际力量帮助到了他们。中世纪的人也许会对一名在路上或者集市上售卖圣物的赦罪符出售者嗤之以鼻，可他们仍然相信世间存在真正的圣物，并且不会对那些圣物的精神力量产生怀疑。

当时是不是有很多人去朝圣？

虽然如今我们普遍认为，以前人人都是在自己所属教区的范围之内生老病死的，但中世纪的人其实经常四处奔波，前往各处的圣地去朝圣。尽管旅行费用高昂，途中危险重重，时间往往也很漫长，但还是有很多理由，使得中世纪的人可能会不顾这些障碍，开启他们的朝圣之旅。有些人是希望获得圣徒的帮助，因为据说圣徒的遗物有助于解决某个特定的问题，比如不孕不育症。有些人是希望对他们在需要时所获得的帮助表示感谢，或者请求宽恕他们犯下的一种特别严重的罪过。有些人是为了履行他们在危难时刻许下的诺言，还有一些人去朝圣则是为了表达自己的虔诚，以购买朝圣者徽章的形式收集他们的朝圣标志。

当然，其中最了不起的一种朝圣，就是前往耶路撒冷，去参谒基督教传统中一些最神圣的地方了。虽然当时许多人都希望自己能够在一生中成行一次，但还有一些人却是不得不去忏悔他们的罪孽，因为前往耶路撒冷朝圣是一项不易完成的任务。这趟朝圣之旅不但费用高昂，而且特别危险，因为那个地区的基督徒与穆斯林之间相互敌视，朝圣的人经常死在途中。可他们还是毫不畏惧，大批大批地前去；而成立圣殿骑士团的目的，就是帮助他们抵达耶路撒冷，并且毫发无损地返回来。

是不是人人都虔诚信奉呢？

虽说基督教渗透到了中世纪日常生活中的每一个方面，但重要的一点是我们必须注意，当时既不是人人都很虔诚，也不是人人都会奉守教会制定的准则与法令。虽然那时与现在一样，人们奉持的宗教信仰多种多样，但最主要的区别就在于，权力与宗教在中世纪更加紧密地交织在一起，这导致信奉异教的人非但不受欢迎，有时还很危险。当时，人们对上帝怀有的种种疑虑，以及为了达到一种虔诚的基督徒生活的要求所做的艰苦努力，都是真切而令人觉得心酸的。

我们在第三章中已经看到，悲伤是一个有可能让宗教信仰变得十分脆弱的时刻，只不过当时的人始终都明白，将尘世与神性协调起来是很困难的。中世纪晚期的一首歌谣，就用这样一种方式思考了一些根本的宗教问题：

既是上帝，又是凡人？

既是处女，又是母亲？

智力也想知道智力所能

想出的答案：究竟是此情还是彼景？

既是上帝——又怎能死亡？

既是死人——又怎能活着？

智力能够给出何种明确的回答？

理性又能给出什么样的理由？

上帝，真理本身确有教导。

凡人，智力却沉沦太深，

无法凭借理性之力抵达。

信奉就好，留下疑惑生根！

虽说创作这首歌谣的诗人似乎相对满足于停止疑惑，但我们在本书第三章中已经提及的奥西亚斯·马尔希，却在一首致上帝的诗作中大声说出了他对自己缺乏信仰的苦恼之情：

看到生命将走到尽头，我深感悲痛；

然而，尽管悲伤，我还是无法爱您

——不像我该有之举：因为这有违我的本性

……主啊，恳请您降临我的内心。

除了个人内心的这些疑虑，当时批评教会的现象也是很普遍、很常见的。人们经常拿贪欲好色的神父、修女和养尊处优的修士来开玩笑。中世纪的人对教会所持的反对意见，在一定程度上与教会的财富有关。这一点也是导致我们形成了一种刻板的印象，认为修士一个个都肥头大耳的原因之一。当时，教会有权获得百姓收入的十分之一（被称为"什一税"）来养活其神父与教士，后者在需要之时则会为民众主持弥撒、提供建议与精神帮助。然而，视所在社区的情况而定，什一税的税额是很容易超过一个社区全体教士的薪资支出，或者超过教堂本身的支出的。此外，民众还经常会向当地的教堂捐款、捐物或者进行遗赠，以这样的方式来赎补过去所犯罪孽、感恩祈祷获得了回应，或者希望祷告会帮助他们抵达天堂。如此一来，教会便积聚了大量的财富。尽管有一些人对教会有能力为圣所购买上乘的圣餐盘、挂毯和其他物品这一点感到满意，但还有些人却忍不住会将教会的富甲天下与一些教区居民的穷困潦倒加以对比。

第二种经常针对教会的批评意见，则与教会的权力与独断专行有关。数个世纪以来，《圣经》都是用拉丁文写就的，可拉丁文是精英阶层与神职人员所用的语言，而不是平民百姓所用的语言，所以他们参加弥撒就等于听人们讲外语了，只有神父和受过教育的人才能正确地理解上帝的谕旨，就连人人都应知晓的祷告词《主祷文》（意思就是"天父"、主的祈祷）与《万福马利亚》（*Ave Maria*）的诵读者往往也没有完整地理解其内容。这就意味着民众需要一位神父，才能正确地理解和接受上帝的教诲。

这种语言障碍似乎对普通百姓很不公平，因此欧洲各地要求将《圣经》翻译成日常语言的压力便日渐增加了。14世纪，约翰·威克里夫（John Wycliffe）非法地将《圣经》翻译成了英语并加以发行。自然，此人被教会指控为异端，并且在拒绝忏悔之后遭到了处决。然而，威克里夫的《圣经》译本并不是全都遭到了销毁，有些被人们藏了起来，只是又要过一个半世纪之后，人们才会读到正式的英文版《圣经》。

教会总是以异端为由将人们烧死吗？

关于中世纪对不同宗教信仰的不宽容态度，人们已经论述了很多，而宗教迫害事件也是真实存在的，然而，当时人们在日常生活中对那些离经叛道的宗教信仰的宽容心，其实超过了我们可能受到误导所相信的程度。

由于改变整个大陆的信仰体系需要付出漫长的时间，皈依了基督教之后，欧洲仍然残留着以前那些宗教信仰的因素。人们常常既相信精灵，又信奉耶稣，却并没有因此而被绑在桩子上烧死。中世纪最脍炙人口的亚瑟王传奇中的一些故事，也经常把这些异教思想与基督教结合在一起，却没有引起丝毫争议。例如，亚瑟王本身是一位"极其正统的基督徒国王"，然而他却是经由魔法孕育降生的，他会与魔法术士嬉戏玩耍，凭借一柄神奇的利剑实施统治，并且曾被带往冥界（Otherworld），将严重的伤情治愈。许多人都相信亚瑟王的故事是真实存在的，然而基督教与冥界之间的这种交叉也没有引发什么问题。

> 如今，一周中的七天仍然会让我们想到古时的宗教信仰体系，因为它们的名称是古罗马与北欧诸神的结合：星期一（月亮之日）、星期二（提尔[1]之日）、星期三（奥丁[2]之日）、星期四（托尔[3]之日）、星期五（弗丽嘉[4]之日）、星期六（萨图恩[5]之日）与星期日（太阳之日）。

当时那些奉持错误宗教信仰的人，通常都会得到温和的矫正（不止一次），而不会因为这种错误就被立即判处死刑。那时的宗教信仰具有一定程度的灵活性，教会的教义当中也为迷信思想留有余地。数个世纪过去之后，它却变得日益僵化起来。虽然人们

---

1 提尔（Tiw），北欧神话中的战神与勇气之神，契约的保证人、誓言的守护者和荣耀的代表。据说他原本是众神之首，但后来逐渐演变成了主神奥丁之子，现多拼作"Tyr"。英语中的"星期二"（Tuesday）一词即由此名演变而来。

2 奥丁（Odin），北欧神话与维京人信仰的阿萨神族之主，司掌预言、王权、智慧、治愈、魔法、诗歌、战争和死亡，亦拼作"Woden"。英语中的"星期三"（Wednesday）一词即由此演变而来。

3 托尔（Thor），北欧神话中的雷电与力量之神，同时还司掌风暴、战争和农业。他是主神奥丁与女巨人所生的儿子，常为保护凡人而现身，象征着男性气概。英语中的"星期四"（Thursday）一词即由此演变而来。

4 弗丽嘉（Frigga），北欧神话中的天后、众神之王奥丁的正妻，同时也是婚姻与家庭女神。英语中的"星期五"（Friday）一词即由此演变而来。

5 萨图恩（Saturn），古罗马神话中的农神。英语中的"星期六"（Saturday）一词即由此演变而来。

普遍认为欧洲社会内部的大规模宗教迫害是中世纪的一个典型特征，但宗教迫害其实发生得相对较晚。第一场女巫审判直到14世纪才出现，而西班牙宗教裁判所（Spanish Inquisition）也到15世纪才开始运作。发生大部分火刑、绞刑以及女巫审判的那个时期，实际上已经是近代早期（Early Modern Period）或者文艺复兴时期了。

但这并不是说，当时的人们就没有因为信奉异端邪说而受到惩处或者遭到处决的。他们确实有过这样的遭遇，但对清洁派[1]和圣殿骑士团等异端进行的大规模迫害之所以会被世人所铭记，却是因为它们令人感到震惊，而不是因为它们属于常规的做法。

犹太人的生活怎样呢？

在基督教崛起之前，反犹主义（Anti-Semitism）就已根深蒂固，遗憾的是，这种现象在中世纪并未减少。虽然从商业与地理位置的角度来看，当时的犹太教群体与基督徒群体之间的联系其实很紧密，但官方的法律法规却不断试图将两者尽可能地隔离开来。犹太人常常被禁止拥有土地和禁止担任公职。尽管如此，犹

---

1 清洁派（Cathars），中世纪流行于欧洲地中海沿岸各国的基督教异端教派之一，信仰善、恶二神，认为灵魂高于肉体，否认耶稣的神性，只视之为最高的受造者，并且反对基督教的道成肉身与复活等教义。亦译"纯洁派"或"纯净派"。

太教群体却依然充满活力，史料中也记载了诸多不同的职业中都有犹太专业人士的情况，比如在审理玛格丽达·德·波尔图一案时做证的那位医生（参见本书第四章）。阿拉贡[1]的犹太人甚至成立了自己的行会。有些犹太人确实放过债给基督徒，因为基督徒借钱给别人是不准收取利息的。然而，一想到欠了犹太人的债，就让一些基督徒极感不满。

由于犹太教的宗教仪式大多是在紧闭的门后——在犹太教堂或者家中——进行的，基督徒并不知晓仪式的情况，犹太人宗教行为的神秘性便成了人们很容易产生反犹情绪的又一处温床。这种由愤恨与无知组成的"完美风暴"虽然大多数时候都是不知不觉地酝酿着，但受到外部事件触发之后就会爆发，变成令人觉得毛骨悚然的暴力。

正如我们在前文中讲到男女混浴时看到的那样，当时人们总是担心有人有可能不小心与别人结交友谊、坠入爱河或者产生跨越宗教界限的欲望。由于与持有不同宗教信仰的邻居之间建立这种人际关系太过容易，因此英诺森三世曾要求所有的犹太人和萨拉森人（Saracens，即穆斯林）必须身着不同的服装，目的就是避免不知情的接触，尤其是避免性接触。对于犹太人，这种独特

---

[1] 阿拉贡（Aragon），伊比利亚半岛（Iberia）东北部的一个地区，9世纪后法兰克人（Franks）曾在那里建立了阿拉贡王国。

的服饰在1227年被明确规定为"一枚椭圆形的徽章,宽一指,高半掌",必须佩戴于胸前,很像后来纳粹德国规定犹太人必须佩戴的黄色"大卫之星"(Star of David)。

尽管犹太人表面上处于各国国王的保护之下,可事实上呢,每当事态发展到紧要关头,各国国王显然都不会提供保护,并且只要能够满足自己的需要,他们就会剥削手下的犹太公民。英国的三代国王(即约翰王、亨利三世和爱德华一世)都曾冷酷无情地对英格兰的犹太人进行课税、监禁和侵扰,直到爱德华在1290年将犹太人全部驱逐出去,没收了犹太人留下的钱财与物品才作罢。不到20年之后,法国的"公正王"腓力也效仿这种做法,将犹太人逐出了该国,并且同样没收了犹太人的资产。阿拉贡的斐迪南(Ferdinand of Aragon)与卡斯蒂利亚的伊莎贝拉(Isabella of Castile)同样如此,在1492年将犹太人(和穆斯林)逐出了刚刚获得统一的西班牙。

犹太人身为宗教上的"外来者",极其容易成为替罪的羔羊,动荡时期尤其如此。一些谣言曾经广为流传,说犹太人做礼拜时会杀害儿童,这是他们宗教活动的一部分,而在黑死病肆虐期间,犹太人也遭到了往井中投毒从而引发瘟疫的指控。欧洲各地都出现过屠杀犹太人的现象。

虽说在日常生活中,犹太人与基督徒在人性层面上经常相互了解、彼此联系,关系有好有坏,但犹太人的头上永远悬着一把

"达摩克利斯之剑"[1]，一个始终存在的暴力幽灵，随时准备让他们突然毁灭在昔日朋友的手中。

穆斯林的情况怎样呢？

伊斯兰教诞生于中世纪，是在6世纪的中东地区与先知穆罕默德（Prophet Mohammed）一起出现的。随着宗教信仰沿丝绸之路迅速传播，伊斯兰教很快成了一种主要的宗教，其重要性和影响力也变得与犹太教、基督教不相上下了。

由于伊斯兰教扎根于这两种早期的宗教之中，那些被犹太人与基督徒视为圣地的地方同样被穆斯林视为圣地，尤其是耶路撒冷（古今都是如此）。这一点，当然就导致了基督徒与穆斯林开始争夺该城的所有权，因为双方的信徒都希望既掌控各个圣地，也控制住欧洲、亚洲与非洲之间的这个贸易枢纽。

中世纪之后的时期，因为人们"重新发现"了古希腊与古罗马的经典文献而被称为文艺复兴（意思就是"重生"）时期，但事实上，这些经典文献从来就没有真正佚失过。虽然它们在中世

---

[1] 达摩克利斯（Damocles），据说是公元前4世纪叙拉古（Syracuse）僭主狄奥尼修斯二世（Dionysius Ⅱ）手下的一名宠臣，非常喜欢奉承狄奥尼修斯，后者曾让他当一天的国王，他便在王宫里举行宴会，但抬头时却看到座位上方悬着一把利剑，吓得他离席而逃。狄奥尼修斯向他解释说，那柄剑象征着王位时时面临着的威胁。后来，人们便用"达摩克利斯之剑"比喻随时有可能降临的危险。

纪早期被基督徒废弃不用了，可在整个中世纪，它们却一直由穆斯林翻译和使用着。实际上，许多"重新发现"的经典文献都不是基督徒直接从希腊语或拉丁语典籍中找到的，而是通过穆斯林的翻译与传播才被"重新发现"的。

在这一时期里，伊斯兰思想家是科学的领跑者，他们在数学、技术与医学方面的发现常常都领先于基督教的同行们。大学里的学者研究了阿维森纳等医师的医学文献来学习治疗方法，而伊斯兰天文学家则对天体进行了复杂的计算，不断地增加他们的知识，改进星盘之类的仪器设备。尽管中世纪的基督徒对伊斯兰信仰可能没有说过一句好话，他们却无法否认穆斯林在许多的学科中都拥有知识上的优势，并且明智地接受了穆斯林的观点。

基督徒与穆斯林之间的敌意，在圣地耶路撒冷达到了最为激烈的程度。那里极其危险，人们也遭到了屠戮。然而，这并不是说人们就不能在自己愿意的时候对彼此表现得彬彬有礼，或者说他们就没有在合适的时候结成过联盟。马穆努克人[1]威胁到了圣地的时候，穆斯林与基督徒曾誓言并肩战斗，战胜这种新的威

---

1 马穆努克人（Mamluks），指中世纪服务于阿拉伯哈里发的奴隶兵，主要效命于埃及的阿尤布王朝，但后来随着哈里发的式微和阿尤布王朝的解体，他们逐渐变成了强大的军事统治集团，并且建立了自己的王朝，统治埃及长达300年之久（1250—1517）。亦译"马木留克人"等。

胁。虽说到头来他们从未做到并肩战斗，但他们愿意握手言和这一点就说明，（与中世纪的基督徒和犹太人之间一样，）相比于粗略的历史脉络可能显示出的情况而言，跨越宗教界限的人际关系要复杂得多。

十字军东征的情况如何呢？

从理论上讲，十字军东征的目的就是让基督教占领耶路撒冷，好让那里"合法地"掌控在基督徒的手中，人们可以前往圣地去参谒朝圣。但从实际情况来看，十字军东征却成了一场混乱的战争，包括在圣地、现代的西班牙和葡萄牙与穆斯林作战，以及在法国南部与异教徒作战（同时还对信奉基督教的拜占庭实施了未经教会批准的劫掠）。

夺取耶路撒冷的第一次十字军东征是教皇乌尔班二世[1]在11世纪末号召和发起的，此后这种想法便像野火一样迅速传开了。对于这种突如其来的集体爆发的敌意，穆斯林大感惊讶，被打了个措手不及；1099年，耶路撒冷落入了基督徒的手中。此后，大量的基督教朝圣者涌向了这个危险的热点地区，从而导致了圣殿骑士团这支致力于确保朝圣者安全的保护性队伍的成

---

[1] 乌尔班二世（Urban Ⅱ，1042—1099），罗马教皇（1088—1099年在位），在位期间推行教会改革和教权至上的政策并且发动了第一次十字军东征，重振了教皇的权威。

立。耶路撒冷圣约翰医院（Hospital of St John）的"至高荣誉骑士团"[the Most Venerable Order，后来被称为"医院骑士团"（Hospitallers）]，则是在圣地成立的另一个势力强大的军事骑士团。尽管它致力于维护基督教这种信仰，但在圣约翰医院里，该团除了治疗基督徒，对穆斯林和犹太人也是一视同仁。与14世纪遭到了彻底摧毁的圣殿骑士团不同的是，如今医院骑士团依然存在，只不过改称为马耳他骑士团（Knights of Malta）了。

基督徒在圣地站稳脚跟之后，就开始因为领导不力和决策不善而争吵起来了。与此同时，一位新的掌权者正在崛起，此人名叫萨拉丁·优素福·伊本·阿尤布（Salāh al-Dīn Yūsuf ibn Ayyūb），基督徒称之为萨拉丁（Saladin）。基督徒内部争论不休的时候，萨拉丁正在中东地区巩固穆斯林的势力，因此，基督徒军队在哈丁战役[1]中奔袭萨拉丁手下的军队时，他们就被后者消灭了，这为萨拉丁在1187年夺取耶路撒冷扫清了道路。

耶路撒冷的陷落让欧洲的基督徒都大感震惊，于是他们马上启程，准备夺回圣地（这就是第三次十字军东征）。中世纪一些最负盛名的国王，比如英格兰的"狮心王"（The Lionheart）理查

---

[1] 哈丁战役（Battle of Hattin），1187年发生在巴勒斯坦哈丁的一场战役，也是十字军东征运动中的一场大会战，结果以信奉伊斯兰教的埃及苏丹萨拉丁大胜基督教军队而告终，连基督徒携带的真十字架也被穆斯林缴获。

一世、法国的腓力二世（奥古斯都）[Philip Ⅱ（Augustus）] 和神圣罗马帝国（the Holy Roman Empire，主要以现代德国为中心）的腓特烈·巴巴罗萨[1]，全都前往圣地去对抗萨拉丁。然而，形势并未按照他们的计划发展；因为腓特烈·巴巴罗萨在途中就溺水身亡了，理查与腓力只拿下了阿卡（Acre）与雅法（Jaffa），却没有夺回耶路撒冷，理查则在回国途中被俘并遭到了监禁，同时腓力还与理查一世那个背信弃义的弟弟约翰密谋，要把他赶下台去。可尽管如此，这次东征还是相对获得了胜利，因为理查一世与萨拉丁达成了一项协议，即基督徒获准，可以前去参谒耶路撒冷，尽管存在普遍的敌对情绪，但朝圣者可以安然无恙地来去了。这是基督教十字军在圣地取得的最后一场真正的胜利。

第三次十字军东征之后，人们又努力了几次，然而，其中没有哪一次东征成功地夺回了耶路撒冷，而基督徒也逐渐被穆斯林及后来的马穆努克人彻底挤出了圣地。1291年阿卡的陷落既是十字军一个备感耻辱的时刻，也敲响了圣殿骑士团的丧钟（但他们饮恨启程离开时并不知道这一点）。

就在圣地动荡不安的同时，欧洲也在鼓吹和进行着十字军运动。基督徒不但受到了怂恿，前去为征服信奉伊斯兰教的西班

---

[1] 腓特烈·巴巴罗萨（Frederick Barbarossa，1122—1190），神圣罗马帝国皇帝腓特烈一世（Frederick Ⅰ，1155—1190年在位），"巴巴罗萨"是其绰号，意思是"红胡子"。

牙而战斗［那是一场旷日持久的战争，如今称之为"收复失地运动"（Reconquista）］，而且承担起了与法国的异教徒作战的任务。虽说十字军在中东地区的征战失败了，可他们在伊比利亚半岛上却逐渐获得了胜利。到了1250年，卡斯蒂利亚、阿拉贡和纳瓦拉（Navarre）等地都已建立起信奉基督教的王国。我们已经看到，正是伊莎贝拉与斐迪南两人的婚姻与兵力联合，才导致基督徒占领了格拉纳达[1]，从而完成了1492年的收复失地运动。

法国南部的十字军运动是由英诺森三世发动的，当时他对清洁派教义的蔓延感到十分震惊；清洁派是一种涉及善、恶两种力量的异端邪说，但它拒绝接受天主教的教义，比如耶稣具有人性的教义。虽然它是一种异端信仰，但清洁派教义曾广受欢迎，甚至在贵族阶层当中也是如此。十字军在中东地区使用过的那些军事策略，同样被用来对付清洁派，包括围攻、洗劫和大规模的屠杀。多明我会修士率先成立的宗教裁判所（Inquisition）便由此发端，并在中世纪晚期获得了极其可怕的恶名。

经历了十字军东征运动的人当中，没有哪个群体是清白无辜

---

[1] 格拉纳达（Granada），西班牙南部的一座城市，曾经是阿拉伯人在伊比利亚半岛上最后一个王国的都城所在地，现为西班牙安达卢西亚自治区内格拉纳达省的省会。

第五章 信仰的时代

的（连英诺森三世本人也不例外）[1]。宗教分界线的两侧都出现过大规模的屠杀，有些屠杀甚至是由那些已被载入史册的英雄人物实施的。例如，萨拉丁曾以彬彬有礼而著称，却杀害了他在哈丁战役中俘虏的每一位圣殿骑士；理查一世是英国历史上的传奇人物，也在阿卡屠戮了数千名人质。种种骇人听闻的事情，都是打着宗教与仇恨的名义干出来的。

这个"信仰的时代"，是欧洲一个引人注目的时代，其间，基督教的无所不在——从餐桌上的食物，到教堂里为祈祷时刻而敲响的钟声——常常既在真正的信徒心中激发出一种神秘的极乐感、让怀疑论者产生令人痛苦的疑虑之心，也让那些持有非主流信仰的人心中萌生出了深深的不安之感。即便心中有所怀疑，相信他们那片土地之外的森林里有精灵，人们也尽力遵循着他们所持信仰的宗旨。在历任教皇与国王针对信徒应当做什么、应当相信什么所做的笼统规定之下，其实还隐藏着中世纪宗教信仰的另一种情况：在身边充斥着宗教褊狭的情况下，欧洲各地和中东地区还有无数的基督徒（无论是正统派还是异端）、穆斯林和犹太人，在和睦相处与相互关怀中安静地一起生活、工作着。

---

[1] 英语中的"英诺森"（Innocent）与"清白无辜"（innocent）是同一个词，前者为音译的人名，故作者才有此说。

第六章

疾病与健康

Chapter Six In Sickness and in Health

中世纪的医学素有恶名，人们都认为那时的医学不过是一厢情愿的想法加上放血疗法而已。然而，若说中世纪的医学水平仅止于此的话，那么我们在本书第四章中看到的一场场战役或者种种肉体惩罚中，就根本不会有人留得性命了。真实情况是，尽管放血疗法的确是当时一种流行的治疗方法，但中世纪的医疗从业者对如何治疗日常疾病的了解，却远非知道人们的静脉位置那么简单。

有证据表明，在身体健康的问题上，中世纪的人不但拥有广泛的选择，而且他们的一些治疗方法应该也是相当有效的。但尽管如此，我们如今还是有很多理由对 21 世纪的医疗技术深感欣慰。

人们受伤之后会怎么样？

假如有人受了伤，那就必须进行急救。在现代的RICE——休息（rest）、冰敷（ice）、压迫（compression）与抬高（elevation）——急救方案中，也许中世纪的欧洲人唯一没有用到的就是冰敷，除非当时正处于隆冬时节。

虽然没有现代的抗菌剂可用，但当时的人都很清楚，包扎之前应当把伤口的污物清洗干净，尤其是用酒精清洗干净。流血的伤口，可以用蜘蛛网、苔藓和蜂蜜进行包扎。尽管这些方法听上去很可怕，但它们事实上非常有效。蜘蛛网和蜂蜜都具有充足的黏性，有助于将伤口黏合在一起；苔藓则具有吸水性，可以防止血水过于迅速地渗透亚麻布绷带。除了这些明显的特性，蜂蜜与某些苔藓中长有的霉菌还具有抗菌作用。这些治疗方法都会让伤口保持湿润与清洁。纵深的伤口则可以用丝线缝合，或者经烧灼结痂。

至于烧伤，当时的人曾用蜗牛的黏液，或者用桑叶制成的药膏，或者用苹果、葡萄酒、蜡、动物油脂、树脂与乳香制成的混合物来进行治疗。晒伤则可以用百合根、铅白、树脂、乳香、樟脑、动物油脂与玫瑰水制成的药膏来治疗，如《特罗图拉》一作中建议的那样。可惜的是，铅有毒性，不过，敷上之后至少您的晒伤就不会那么疼了。

轻度缓解疼痛的疗法则是咀嚼白柳树皮，或者用它泡水当茶喝。与蜂蜜一样，这种疗法的确也很有效，因为柳树皮中含有水杨酸／水杨苷，它是我们如今仍然储存在药柜里的一种药品，即乙酰水杨酸的近亲，后者更广为人知的名称就是阿司匹林。一些药效较强的止疼药，则会用于外科手术（参见下文）。假如柳树皮不起作用，人们往往就会用喝酒的办法来止疼。

由于许多的治疗方法（比如使用夹板和止血带）既简单又属于常识，当时的人觉得没有必要将它们载入书籍当中。它们不同于草药疗法，后者需要更加细致的调配与剂量。虽然这一点也许会让那些希望每一个细节都被记录下来的历史学家深感失望，但话说回来，如今我们往往也不会把清除碎片之类的简单规程记录到急救手册当中去。

人们生病之后怎么办？

中世纪的人既没有细菌的清晰概念，也没有现代的消毒方法与抗生素，因此他们经常生病，就是不足为怪的了。假如一个人真的生了病，他们的第一种办法就是祷告：要么用公认的词句正式进行祈祷，要么就是通俗地祷告，就像如今我们确定自己即将不合时宜地生病的时候，常常依然会说"拜托，不要让我病倒"一样。

中世纪的医疗保健方法中，大多含有一种疗法和一种祷告文，因此，就算有人正在使用药物，宗教信仰也仍属治疗中一个重要的组成部分。例如，我们在数份早至6世纪、晚至13世纪的手稿中就看到了一种祷告文，针对的是医学中实际使用的草药：

> 请带着你的力量前来，因为创造你的上帝允准我来采集你，受托行医的人就表明了他的恩赐（原文如此）。尽你之效能，为健康赐良药。在此恩请你赐予我恩惠，通过你的保护，无论我从你的全部力量中得到什么，无论我（将这种药物）施予何人，它都可以发挥最快的作用、获得良好的疗效。

至于那些患有慢性疾病的人，可能就需要采取较为极端的治疗措施了。在这种情况下，病人有可能以许愿品（即患病部位的蜡像）的形式向教堂献祭供品、捐赠教堂所需的东西，比如蜡烛、布料或盘碟，或者献出对捐赠者很重要的物品。

朝圣是人们可以请求获得精神支持，以便帮助他们战胜身体疾病的另一条途径。要想成为圣徒，人们必须在生前或者死后创造过奇迹，而圣徒创造的这种奇迹当中，很多都属于医学奇迹，比如圣徒治愈了瘫痪、失明或者耳聋之类的疾病。要想获得圣徒的治疗效果，人们通常都需要前去参谒圣徒们的圣祠，祭拜甚至是触摸圣徒们的遗物。有钱人也可以带一件圣物回家，比如装有殉道者一滴鲜血的小瓶子，将它用作一种治疗工具。

他们是不是完全依靠宗教信仰呢？

不是的。虽然当时的信徒都认为，没有上帝的参与疾病就不会痊愈，但他们并不是完全依靠上帝来拯救他们的。实际上他们还认为，过度依赖上帝的帮助来解决尘世的问题是很愚蠢的做法。

假如您知道自己需要什么，或者清楚自己只需接受简单的治疗，您就可以去本地的药店。您在药店里既能买到自己所需的药材来自行配制药物，也能买到预先配好的合剂、乳剂与药膏。许多药材也是食材，这就意味着您在药店也可以买到烹饪所需的进口香料，比如肉桂、莳萝与生姜。我们在本书的第一章中已经看到，药店里买得到的一些天然香料与粉剂还可以用于配制美容和清洁产品，比如除臭剂和牙粉。

中世纪的医学和化妆品中所用的香料、粉剂和调制方法同样可用于制作颜料，所以当时的药剂师也出售墨水。这就为那些买得起墨水的书记员与书稿彩饰师省去了自行配制墨水的麻烦，而药剂师在调制方面的长期实践与娴熟技术，也使得他们更有可能制出色泽均匀、品质稳定的颜料。当时的药剂师们还拥有一项相辅相成的本领，即能够熟练地用蜡制作黏合剂和混合剂，从而让他们除了其他的商品，还可以制作并出售蜡制品，比如蜡烛、（前文中提及的）许愿品和火漆。既有墨水又有火漆，就使得药剂师出售羊皮纸和其他文具也成了一件顺理成章的事情。我们现代的人前往药店去购买头疼药、清洁用品和文具的习惯，实际上属于一种悠久传统中的组成部分。

假如他们需要动手术，该怎么办？

尽管中世纪已经有了医院，但那时的医院侧重于为穷人和慢性病患者提供长期的医疗护理，而不是提供急救服务（想想"殷勤款待"一词，您就会明白了[1]）。后来，医院的重点逐渐更为坚定地放到了医学上，只不过对于外科手术，人们却走上了一条不同的道路。

虽说委托一个理发的人来为您实施医疗看起来可能是一种荒唐之举，但中世纪的人在需要接受外科手术时，却正是这样做的：他们会去看外科理发师（barber-surgeon）。然而，他们这样干确实也有一定的道理，因为理发与做手术都需要两种东西，即一只毫不颤抖的手和一把极其锋利的刀子。一想到中世纪的外科

---

[1] 英语中的"医院"（hospital）与"殷勤款待，好客"（hospitality）两个词属于同源词，故作者才有此说。

手术，我们的脑海中多半就会浮现出一些极其可怕的画面。当时的手术环境也确实远远达不到现代的标准。然而，与我们常常相信中世纪的人所处的境遇相比，中世纪的外科手术其实要复杂得多。

当时最常见的外科手术当属截肢手术，意外事故、战争再加上没有抗生素，就意味着受伤部位总是有出现坏疽的风险。"狮心王"理查本人就是因为在围攻法国一座城堡时居然愚蠢地在敌方弩弓的射程之内耀武扬威地走来走去，肩部中了一箭而死于伤口感染的。有的时候，人们会用蛆虫来让伤口免于感染坏疽。蛆虫会以坏死的肌肉为食，却不会吃掉没有坏死的好肉，因而可以防止伤口内部的坏死之处出现溃烂。如今，现代科学已经在某些情况下重新采用这种疗法，目的同样是防止给伤者实施截肢手术。

截肢或许属于中世纪的日常生活中最糟糕的一种情况，因为这种手术可能是一个缓慢的过程，必须在没有现代麻醉手段的条件下实施（与中世纪的其他手术一样），不过，病人可以喝得酩酊大醉，或者服用像柳树皮，甚至是更好的鸦片等药物。阿维森纳还推荐了"曼德拉草（及其种子与根皮）、罂粟、天仙子、龙葵和莨菪子"。当然，您肯定会希望由一位专业的药剂师来量配龙葵，使之足以让您暂时入睡，而不会长眠不醒。

一旦完成手术，伤口就可以通过烧灼来闭合、止血和加速愈合了。阿维森纳称,"可用于烧灼治疗的最佳材料当属黄金",但当时的绝大多数人都不太可能有机会用到如此奢华的治疗设备。虽然阿维森纳还全面论述了烧灼的各种方法,但他其实只需指出烧灼后应当形成"一处又深又厚、不易很快脱落的痂疤"这一点就足矣。假如手术部位比较棘手或者涉及内脏,比如剖腹产手术,医生也有可能对伤口进行缝合。

除了理发和截掉伤病肢体,当时的外科理发师还负责实施拔牙和放血手术。然而,至于何时与如何实施放血手术,最好的建议就是您应当去看真正的医生了。

他们有过如今的这种医生吗?

在一定程度上有过。中世纪的医生像如今一样,就是那些完成了基础教育,然后又上过专科大学的人。其中最负盛名的大学,设在意大利的博洛尼亚(Bologna)与萨勒诺(Salerno)这两座城市里。由于教会不许进行尸体解剖,当时也没有显微镜之类的技术设备,人们只能通过观察尸体的外部情况,研究古希腊人、罗马人和穆斯林的典籍文献来获得医学知识。因此,相比于外科理发师那种简单直接的治疗来说,一位中世纪医生的治疗方法就要更具哲理性和整体性了。

中世纪的医生都认为,身体健康——还有精神健康——是以体内4种体液的平衡为基础的,它们就是血液、黏液、黄胆汁与黑胆汁。其中，每种体液还对应着一种状态，分别是湿、干、热、寒。假如体液失去了平衡，您就可以通过摄入恰当的食物或者身处合适的环境条件（通常与您过度摄入的食物或过度久居的环境完全相反）之下，来让它们重新达到平衡。因此，如果您所罹患的病症表明您的体内是血液或者黏液过多，您就可以摄入某种干性的食物来平衡自己的体液。

假如简单的干预措施还不足以解决问题，医生就可以用放血疗法的形式，排走病人体内一些多余的体液。水蛭可以用于给病人放血。医生（或者外科理发师）也可以在病人身上切一个小伤口，让多余的血液流到一个碗里——这种场景，我们是较为熟悉的。他们还可以给病人拔火罐，也就是将碗加热后扣到病人的皮肤上。

> 中世纪的医学治疗中经常用到水蛭，因此盎格鲁-撒克逊语中的"医生"一词就是 *laece*[1]。水蛭如今仍然被用于西方医学当中，并且与蛆虫一起被注册成了活体医疗器械。

中世纪的医生不像我们如今的医生，因为他们还接受过一些

---

1 也有人认为，古英语中的"laece"一词本指"巫医"（因为现代医学始于 17 世纪），后来才逐渐演变成了"水蛭"（leech）。

学科的教育，比如天文学与占星术，而现代的西方人也许不会将这些学科与医学联系起来了。由于中世纪的人认为日月星辰在日复一日地影响着我们的身心健康，所以为了更好地治疗病人，了解正确的月相或者行星的合相对当时的医生来说是至关重要的。

女性医学的情况如何呢？

遗憾的是，当时女性本身不但日益被排挤出了医学行业，而且由于她们不被允许去上大学，所以她们通常也是不能当医生的。不过，当时也有少量例外的情况，而医生的妻子与女儿在家里帮忙的过程中似乎也有可能习得一些医疗技能。尽管中世纪的医学书籍中确实含有关于女性健康与女性医学的知识，但这种内容相对来说是很稀少的。

《特罗图拉》一作汇集了萨勒诺这座大学城里数位医师所掌握的知识，尽管其中也含有一些论述化妆品与梳洗美容的章节（我们在本书第一章中已经看到了），但它却很可能是一部最好与最具体的集当时女性医学知识的大成之作。其存世副本的传播情况表明，《特罗图拉》一作曾经被欧洲各地的人广泛阅读，大学里尤其如此。此书涵盖了一系列知识，它们对那些很少或者从未参与过正常接生或死胎处理的（男性）医生来说应该是特别有用的，不过，其中在避孕方面的糟糕建议（比如说，随身携带干燥的黄鼠狼睾丸）却表明，即便是在这部专业的著作当中，中世纪的女性往往也很可能无法获得所有的重要知识。

当时的医生都是由教会培养出来的，因此尽管他们有可能乐于提供生育方面的建议，但像避孕和堕胎之类的生殖问题却给他们带来了利益冲突。相反，女性可以采取她们一代又一代以来始终采取的措施，即请助产妇来帮忙。毋庸置疑，助产妇在当时的社会中发挥了极其重要的作用。虽然她们是受雇为分娩期间的女性提供支持的，但她们也由此掌握了关于生育、避孕、堕胎、哺乳与问题期等方面的知识。助产妇与草药知识、性、生育（以及与之相反的不孕不育）等方面的联系，就是在中世纪晚期与近代初期的女巫审判中，她们曾被特别针对的部分原因所在。例如，助产妇会建议女性在怀孕期间**不要**吃什么，这就说明她们知道不能吃那些东西的**原因**。

残疾人怎么办呢？

由于没有现代的医疗技术相助，对中世纪的残疾人来说，他们的生活有时会既艰难又孤独。然而，这并不是说我们可以想当然地认为当时的残疾人完全没有生活质量可言，或者说当时的人都没有同情心。残疾人需要获得额外的扶助时，各家各户、各个社区、神职人员，甚至是立法机构都会救济他们，这一点是众所周知的。的确，欧洲的文化绝对是一种歧视残疾人的文化，但中世纪的人对待残疾人的态度却各不相同。

由于中世纪的欧洲战争频发，所以当时总有人有着明显的身体残疾，无论他们的残疾是由战争、意外事故、疾病还是遗传导致的。手稿中的插图表明，人们曾经使用助行器具，比如手推车与拐杖，甚至是简单的假体，比如木制的义腿。中世纪的一名士兵甚至请人铸造了一只铁手来取代被截肢的手，尽管其费用（以及铁制义肢十分笨重）应该让这种办法对绝大多数人来说并不实用。

中世纪的人丧失听力的现象并不罕见，但可惜的是，除了用手将耳朵窝起来放大声音，他们就没有什么助听设备了。当时的重度耳聋与如今相比是一个更加棘手的问题，因为中世纪还没有标准化的手语（只有修士、修女们会因为受到沉默誓言的约束而使用简单的手势），人们的识字率也很低，所以聋哑人并非总是可以把信息写下来进行交流。如今的聋哑人都知道，在听力正常的人群当中，您大部分时间都只需利用手势或者图片，就能让别人明白您的意思，尽管这样的交流可能极其缓慢，并且令人觉得沮丧。由于缺乏共同的语言，所以当时并不存在我们如今所知的什么聋哑文化。

失明也是一种类似的常见病症。从 13 世纪开始，视力不佳者或视力衰退者就可以佩戴眼镜了，条件就是他们买得起。不过，当时的眼镜更像是普通的放大镜，而不是我们如今所用的个性化镜片，它们只能将近处的东西放大，而不能弥补远距视力差的问题。就像现代世界里的人一样，当时的视障人士是通过声音和触觉来引路的，他们偶尔也会利用拐杖和服务犬来探查面前的情况。在有些地方，比如巴黎，还有专门的医院去照料那些无法独自生活的盲人。

认知障碍与精神疾病在中世纪也已为人所知。中世纪的人都承认，一个刚从战场上归来或者头部受了重伤的人，其性格或者能力有可能出现变化。对此，当时的法律也规定了一些应急计划，是随着一些有权有势的人从战争中归来之后制定的。他们要么是由于遭受了（我们如今所称的）获得性脑损伤，要么就是由于患上了创伤后应激障碍而性情大变。中世纪在这些情况下制定的法律和针对先天性认知障碍病例所制定的法律，主要在于分清这些残疾症状究竟是暂时性的还是永久性的。假如一个人的变化看上去是暂时性的，当局就会指派一位监护人去照管此人及其财产，直到此人的行为举止恢复至以前的状态。假如这种变化是永久性的，当局就会委托一名监护人来永久地照料；而在这种残疾人死亡、其财产由继承人接管之前，监护人是不得对其财产做出重大决定的。

在现代的人看来有可能令人觉得惊讶的是，中世纪的法律已经承认，涉及犯罪的时候，患有认知障碍或者精神疾病的人并不具有心怀主观恶意的能力。最常出现的结果是，他们都被认定为无须承担法律责任，连杀人罪也不例外，他们并不会受到惩处，尽管为了整个社会的安全起见，他们可能会被关起来。有意思的是，当时人们确定被告是否应当承担刑事责任的方法之一，就是看被告犯下罪行之后的行为方式。人们认为，那些试图掩盖自身所作所为的人具有分辨是非的能力。在如今就一名被告是否适合接受审判的法庭听证会上，我们仍然可以听到有人利用同样的论点。然而，无论有没有承担刑事责任的能力，惯犯仍然有可能被判处绞刑。

当时，并不是人人都关爱和体谅残疾人，就像如今一样，中世纪的残疾人也有可能遭到虐待和利用：他们若是沦落到了在城市里乞讨或者无家可归的地步，就尤其如此了。有的时候我们会发现，中世纪用来防止人们伤害自己或者他人的办法很是残忍，比如管制措施或者相对与世隔绝的长期监禁。那时用来描述残疾人的话语，比如用"白痴"来称呼某个患有认知缺陷或者学习障碍的人，在我们听起来都很刺耳，而当时把残疾人当成笑柄也不是什么禁忌。由于有些人是受到了司法惩处才致残的，因此以成见的形式表现出来的歧视，就是残疾人必须面对的另一种障碍了，比如说，失去了一只手的人有可能被人们不假思索地当成小偷。最后，由于无障碍环境在中世纪的文化中并非首要的方面——甚至也不是常态化的因素，因此对安全与歧视的担忧会让残疾人极难前往离家很远的地方。

话虽如此，但当时残疾人所属的社区往往都知道他们的情况，而在个人的层面上来说，那些社区里的人应该也很清楚他们的残疾性质与所需的护理。这就意味着，残疾人周围的人可以根据大量的因素来选择自己究竟应当善待还是残忍地对待他们，而人类的尊严又在这种抉择中占有很大的分量。

什么是黑死病？

黑死病是1347年至1349年间一种大规模暴发且感染了欧洲、中东地区和亚洲、非洲其他地区人口的疾病。如今人们认为，黑死病结合了腺鼠疫与肺鼠疫两种传染病，是由鼠疫杆菌（*Yersinia pestis*）这种细菌引起，通过跳蚤叮咬、咳嗽和打喷嚏传播的。至于症状，则是高烧，以及腋窝和腹股沟的淋巴结出现明显的黑色横痃（即肿胀）。

黑死病的致死速度快得令人难以置信。从感染者初现症状到其死亡，时间有时短至24个小时。仅仅一年多的时间里，欧洲的全部人口就减少了30%至60%。数以百万计的人都死了。当时这种疫病可不叫黑死病，而是被简单地称为"瘟疫"，偶尔也被称为"大死亡"（The Great Mortality）。人们一度以为那就是世界末日的想法完全是可以理解的。

尽管人们尝试了草药治疗、祈祷和隔离等措施，但黑死病的致命性实在太强，根本就控制不住。1361年，黑死病又卷土重来，而在整个中世纪和近代初期，它也是每隔一段时间就暴发一次。对中世纪的医生来说公平的是,在20世纪出现抗生素,从而意味着鼠疫杆菌可以得到控制之前,根本就没人能够有效地对抗这种瘟疫。

就像中世纪的医疗从业者有可能是技艺高超的那样,黑死病或许就是我们对近700多年的医学研究心存感激的最大原因所在。不过,当时的人们对医学的了解还是远远超过了这种疾病所导致的破坏。中世纪的人留下的骸骨表明,他们曾在受伤、生病和接受手术之后康复过来。这一点要归功于当时的医生、药剂师、外科理发师、助产妇以及本地的治疗师,他们曾挺身而出,来到病榻边或者战场上,用他们懂得的最好的办法来拯救生命。事实已经证明,他们的研究——尤其是对自然世界的研究——不仅对他们拯救的那些人的生命极其宝贵,而且对获救者的子子孙孙也极其宝贵;正在阅读本书的人当中,有些人无疑就是那些获救者的后人。

第七章

时装、比赛与宫廷爱情[1]

Chapter Seven　Couture, Competition, and Courtly Love

虽然中世纪的人生活得确实很艰难,不仅工作时间长,经济上也很拮据,但他们并不是时时刻刻都处在工作和担忧之中。人们曾经痴迷于最新的时装与时尚,并且在音乐和游戏当中度过节假日和漫长的冬夜。时尚、音乐、调情与比赛,曾经汇聚于骑士比武大会这种引人注目的盛事之中;这种盛事为后人所铭记,被理所当然地视为中世纪世界的一大奇观。至于较为宁静的时光,中世纪的人则是以阅读装饰华丽的手稿中关于

---

[1] 宫廷爱情(courtly love),中世纪后期规定了贵族女性及其情人之间一些高度礼仪化的行为和情感的一种行为准则,亦译"典雅爱情""骑士之爱"等。

卡美洛王国的故事,或者聆听吟游诗人颂咏爱情与悲伤的方式度过的。

中世纪的人度过空闲时间、发挥才智和释放精力的方式就像他们维持生计的方式一样,可以让我们了解到他们的许多情况,他们曾经充分利用生活来度过自己的闲暇时光,从穿着打扮到他们讲述的故事都是如此。

当时的人穿什么?

中世纪之人所穿的服装虽然花样百出,却属于同种款式,是一种从头往下的T形长袖衣服。那时的男子身穿较短的束腰外衣,女子则是身穿较长的连衣裙。他们都穿着贴身的亚麻布内衫,同时穿着既可保暖,又显得端庄和时髦的羊毛外套。男子往往穿着由两个部分组成的紧身裤,且每个部分的顶端或者膝盖处都系有袜带,女子则穿着没有那么高的长筒袜。当时除了最为虔诚的方济各会修士,人人都会穿鞋,而且出于实用的原因,为了显得端庄,他们还会戴着帽子。由此,时尚服饰便开始发展和变化起来。

长袍曾经是中世纪的人最珍贵的一种财产。这是人们穿在最外面的衣服,通常不论男女都会穿上很久,并且只要一个人的地位和钱包允许,其长袍就会制得很华丽。长袍可以用毛皮作点缀或者作内衬来保暖,同时用有装饰性的开衩来表明制作时用了多少昂贵的面料；这种长袍要么缝制得很宽松，要么就很合身。然而，它们并非仅仅象征着富人的地位，它们也是知识分子的地位象征。当时的博士［包括哲学博士（PhD）与医学博士（MD）］都穿着猩红色的长袍，但到了中世纪晚期，不同的学派与大学都选定了自己的颜色。

时装领域里最大的变化，始于裁缝们开始追求将衣服裁剪得更加贴身之后。这种裁剪既可以通过给衣服的两侧或者衣袖系上带子来实现，也可以使用13世纪的一种全新发明，即纽扣来实现。纽扣问世之前，使用系带和胸针曾经是人们将衣服牢牢穿在身上的主要办法，纽扣则可以让衣服变得更紧和更合身。在14世纪，紧跟潮流、追求时髦的人都穿着"柯特哈蒂"这种露出肩膀和乳沟的紧身上衣，而比较保守的人则不论男女，都穿着高领的胡普兰衫[1]，将脖子以下遮得严严实实。这种衣服会从脖子往下一直遮到臀部，也就是贵族们穿着新式而合身的两腿紧身裤来炫耀其身材的地方。（女性则会适当地遮住自己的臀部。）

---

1 柯特哈蒂（cote hardie），中世纪女性所穿的一种线条窄长、宽领并且能够显出身材曲线之美的紧身裙子，或者男性所穿的紧身对襟长袍；胡普兰衫（houppelandes），中世纪一种高腰、宽袖的对襟长外套，衣体多褶皱，下摆呈扇形，亦称"裙袍"。

> 中世纪晚期，女装上的袖子常常是可拆卸的，这样女性就可以在不必请人或者自行缝制一件全新裙服的情况下改变她们的衣服式样了。这种袖子也可以当成"礼物"送给参加比武大会的骑士，让他们套在胳膊上，作为情人爱和尊重他们的象征。

14世纪也是贵族们纷纷炫耀自己买得起大量衣物的一个时期。帽子、袖子和鞋子全都变得越来越长，甚至到了不实用的程度。事实上，没有实用性**正是**其中的关键之处：穿戴着这种服装的人，就是在炫耀他们的确不需要干活来维持生计的事实。如今童装中的那种尖头公主帽，就是这种时尚的回归。

除了尖头的锥形帽，当时的贵妇还会梳着精致的发型、戴着轮廓如雕塑一般清晰的帽子。年轻的未婚女性与姑娘们都是披着散发，标志着她们还是处子之身，但已婚女性会把头盖起来。她们的服饰多种多样，从宽松的不透明面纱、头巾和角状帽子，到缠在头上或耳朵上方的辫子（就像科幻片中某个招人喜欢的公主一样），上面还盖着一张精致的发网和一根饰带，就是一根固定发网的头巾，不一而足。时至今日，修女们仍然披着中世纪那种适度地遮住了头部和下巴、顶上盖着一块头巾的斗篷。当时的女子还会化妆、修眉和拔除额头上的毛发，只不过，至少据中世纪的一场布道来说，最后这种危险的虚荣行为随后有可能遭到魔鬼用火针实施的惩罚。

中世纪的欧洲人都非常希望瞥上一眼就能看出每个人的身份和地位来。要知道，这会让他们明白自己应该与谁交谈、应该对谁微笑，或者应该与谁喝上一杯。人们不但提出了许多关于如何着装的建议，还制定了实际的法律法规，以确保人们的着装始终能够一目了然地表明他们的社会地位。这些法律被称为"禁奢法"，它们对从染料到皮草、再到所用面料的各方各面做出了限制，并且像爱德华三世于1363年制定的那些法律一样，旨在禁止那些自黑死病以来变得较为富裕的暴发户穿着打扮得有如贵族，不让他们通过"极其夸张、过分的服装"来"扰乱社会阶层与地位，对整个国家造成巨大的破坏"。

他们佩戴饰品吗？

佩戴。由于当时缝制服装费用高昂、难度很大，因此，通过简单地更换饰品来改变着装式样对中世纪的人来说要更加容易——当然，条件就是他们买得起饰品。

在中世纪的欧洲，每个人都系着腰带。它们不但会让一个人的身材显得十分时髦，而且在那个时代，由于人们通常不会给衣服缝上口袋，所以腰带也极具实用性。人们会把自己随时需要用到的东西挂在腰带上，比如钥匙、餐刀、钱包，甚至是祈祷书（贵妇才携带）。当然，男子还会系着剑带。

与现代人一样，中世纪的人也曾佩戴耳环、戒指、项链和手镯。自然，那些买得起贵重金属首饰或者宝石首饰的人也会这样做。没那么多钱的人则会佩戴玻璃珠子、彩色缎带和木制链坠。色彩艳丽的珐琅在颜色与光泽上都可以与宝石相媲美。

当时无论是谁，哪怕只是稍微获得了成功、财富和地位，也会人手一枚印章戒指。这种戒指被用来按压于热火漆上，好让文件的接收者知道文件是谁送来的。因此，印章戒指上都刻有代表着戒指佩戴者的标志，要么是他们的家族徽章，要么就是他们自己的个人徽标。这种印章戒指，就是当时国王和教皇用来签署谕令、法律而不用亲手签名的那种大型印章的缩小版。

人们是怎么缝制衣服的？

中世纪的人制衣时所用的布料大多为宽幅布，这是一种用羊毛织成的、标准尺寸为"26至28码长、1又3/4码宽"的面料。羊毛必须经过多道工序：先从绵羊身上剪下来，然后依次是梳理或者精篦、清洗、纺纱、染色或者漂白、编织、漂洗、揉毛与压平。亚麻布的加工模式与之类似，只不过这种纤维是从亚麻中获取的。产自亚洲的丝线可以与其他的纤维结合起来使用，制成重量与奢华程度不一的各种织物。

家中纺出的纱线，通常都是在一个下落式纺锤（drop spindle）上纺出来的；这种纺锤就是一根末端带有圆形重物的短棍子。纺纱的人从高处开始快速扭动纺锤，使之高速旋转，同时用自己的手指将纤维缠绕到纺锤上。纺锤往地下落去的过程中，纤维就会扭结成线或者扭结成纱（"下落式"一词即由此而来）。中世纪的女性应该是从小就接受了纺纱训练，年纪太小、还不能纺纱的姑娘则是一边梳理羊毛，一边看着长辈纺纱。

另一种纺纱方法则是使用纺车，这种机器是 12 世纪晚期发明出来的。像《鲁特瑞尔诗篇》[1]等手稿中绘有的这种纺车插图表明，它们与工业革命（Industrial Revolution）之前一直使用且至今仍在使用的纺车并无太大的不同。起初纺车是用手或棍子摇动的，但人们在 15 世纪发明了脚踏式纺车，从而极大地提高了生产率。然而，下落式纺锤既要便宜得多，也更容易制造，所以人们一直都使用着这种工具。

印染需要人们从自然界中采集许多不同的原材料，然后将纱线或者布料放在其中煮沸。这种工艺有赖于国际贸易，因为一些最理想的染料需要十分特殊的原材料才能制成。比方说，红色染料需要用到捣碎的胭脂虫，它是一种欧洲北部没有的昆虫，而给

---

[1] 《鲁特瑞尔诗篇》(Luttrell Psalter)，大约成书于 1320—1340 年间的一部英国的彩绘诗篇集。除了诗篇（即圣咏经），其中还包括一份日历，若干颂歌、弥撒，以及为死者吟诵的对唱圣歌等内容，许多页面上都有丰富的装饰性文字，页边则绘有圣徒和《圣经》故事的图片及农村生活场景，被视为描述中世纪英格兰日常乡村生活的珍贵史料之一，现存于大英博物馆。

染料定色则需要用到产自亚洲的明矾。由于印染需要用到国外供应的原料、需要额外的时间，从而需要付出额外的成本，所以最贫困和最虔诚的人都会略过这一步，穿着没有染过而呈天然的黑色、棕色、灰色及白色的羊毛衣服。

纱线纺出来（也许还经过了染色）之后，就需要进行编织了。自古以来，人们一直使用着立式织机，方法则是用石头或者重物压住经纱（即垂直的纱线），同时一个人站着，用梭子横向编织，形成纬纱（即水平的纱线）。人们在13世纪发明了卧式织机，让织布工可以坐下来用梭子进行横向编织。手稿中的插图表明，卧式织机与纺车一样，在数百年的时间里也没有出现多大的变化。尽管职业织布工往往都是男性，但织布这种工作可以也确实曾由女性在家里进行。一台宽幅织布机要由两人来操作，因为它太宽了，其中一个人将梭子横向推过经纱，另一个人则会在那头接住梭子。亚麻布织机没有那么宽，因此可以由一个人单独操作。这一点很有用处，因为它意味着只要一个家庭买得起必要的工具，亚麻布内衣、毛巾、餐巾和床上用品等就全都可以在家中生产出来。

宽幅布编织出来后必须进行漂洗，好让编入的纱线变紧实。当时，人们通常会把织物泡在用水和尿液混合而成的浆液中，然后用脚踩踏来进行漂洗；但到了中世纪晚期，人们就发明了利用水力来捶打布匹的漂洗磨坊。接下来，人们会对布料进行揉毛，以便去除所有的毛球毛刺，最后进行压平。

由于布料价格昂贵，制作起来也很费功夫，因此当时人们所穿的衣服一般都不是预先制好和现货售卖的成衣，而是由各人去量身定做。（然而，当时的二手服装交易还是很繁荣的。）缝纫既可以在家里完成，也可以由职业裁缝去做。与纺织业中的其他工作一样，家里的缝纫工作通常由女性去完成，而专业的裁缝则由男性来充任。就像中世纪其他的职业一样，织布工、印染工或者裁缝常常会雇用女性到作坊里去干活，但在绝大多数地方，这些女性本身却是不被允许成为行家里手的。

一件衣服一旦有了样式并被裁剪出来，就可以随时缝制和进行美化了。当时，连王室贵妇也会给家人缝制和镶绣衣物、为教堂缝制精美的织物。由于那时各种机器与大规模生产都没有兴起，人们所用的每一根针都是用骨头、象牙、金属或木头手工制成的，因此对针的所有者来说，它们就比如今的一次性缝衣针要贵重得多了。

富人、高级教士和王室成员穿着的，则是饰有用贵重金属制成的丝线或者饰有宝石的衣服。金线、银线都是将细金属丝缠在一根芯线上制成的，这可是一项极其辛苦的工作。中世纪的王室画作表明，当时的人曾大量使用金线和产自世界各地的宝石。这些精美而昂贵的装饰品有时会导致衣服穿上后令人觉得既笨重又闷热，但为了追求时髦与彰显王室的荣耀，一切都是值得的。

中世纪的人穿不穿内衣裤?

穿啊,当时有一部分人似乎确实穿着内衣、内裤。连圣本笃也规定,手下的修士若是打算外出长途跋涉,就应当借上一身公用的内衣、内裤,并且应当在洗过之后归还。这种公用的内衣、内裤很可能是长的短裤或者"马裤",而不是我们可能所想的三角裤。多年来,男性的马裤已经变得越来越短、越来越紧身,更像是如今的四角裤了,为了方便起见,它们甚至还带有前裆开口。

在于奥地利出人意料地发现的一批15世纪的织物中,不但有一身原封未动的内衣、内裤,其样式类似于如今的捆带式比基尼泳衣,而且有4件衣物被证明是我们已知的最古老的胸罩。而不出所料的是,这些内衣、内裤全都由亚麻布制成,胸罩上面则缝有特制的杯状物,旨在支撑而非束缚住乳房。迄今还没有证据表明,当时有人穿过链甲比基尼。

他们有什么娱乐活动呢?

尽管当时只要是做得到,欧洲人就该去教堂做礼拜,但他们还有一种更加令人愉快的方式去了解基督教的历史,那就是看戏。宗教戏剧曾被称为"神秘"剧,原因在于它们揭示了《圣经》中记载的、关于上帝造物的种种奥秘。其中有些属于"连环剧",因为它们是通过基督教的视角,呈现了尘世间人类历史的往复循环。"约克连环剧"（York cycle）是现存于世的、规模最大的连环剧，含有48场简短的演出，旨在全天表演。[1]

神秘剧与连环剧的迷人之处就在于，它们与中世纪之前及之后各个时期的戏剧不同，都不是由专业的演员表演的。相反，当时的社区成员都会扮演剧中的角色，而每一个商业行会也会承担一场从现实意义来看与该行会最为相配的演出，比方说，船业公会可以演出挪亚方舟那一场，而杂货商公会则可以演出伊甸园的那一场。当时的戏剧都在移动的巡游戏车上表演，戏车则由各个行会出资装饰，看上去完全就是所演故事的背景。在有些情况下，巡游戏车会从一个位置转到另一个位置，但表演的是同一出戏。在其他情况下，巡游戏车则会停驻在一个中心之地，每次演出一场。

也许，最让现代人感到诧异的是，这些以神圣主题为基础的戏剧并非只用我们如今可能认为恭敬有礼的语言，或者只表演我们如今可能认为恭敬有礼的情节。曾在英格兰韦克菲尔德（Wakefield）上演的戏剧《挪亚》尤其令人感到震惊，因为剧中的挪亚与妻子经常吵架、咒骂，甚至相互殴打。尽管我们如今往往会把这种幽默与宗教表演区分开来，可中世纪的人认为，同

---

1 关于"神秘剧""约克连环剧"的情况，参见 https://www.sklib.cn/booklib/databasedetail?SiteID=122&ID=9645876&searchText=%25E7%2589%25A7%25E7%25BE%258A%25E4%25BA%25BA。

时将人性中最好的方面与最差的方面表现出来是没有问题的。当时，仔细思考耶稣的人性，从而思考整个人类拥有的、一切混乱的世俗荣耀，已经成了一种日益普遍的现象。毕竟来说，如果像挪亚夫妻这样具有瑕疵和不敬上帝的人都可以获得救赎，那么观众也可以获得救赎了。

他们听不听音乐？

当然听了。音乐是中世纪生活中一个极其重要的组成部分，以至于曾经是学校教授的 7 大科目之一，而历史和地理之类的科目却不在此列（尽管当时的语法课上有可能夹带着教授这些科目的知识）。事实上，西方的音乐记谱法最初就是在中世纪发展起来的。

或许现代世界所知的中世纪音乐中，最著名的形式当属"格列高利圣咏"（Gregorian chant），它是以教皇格列高利的名字命名的，人们一度认为，是此人将这种音乐形式进行了标准化。吟咏与诵唱是日常礼拜仪式中的重要组成部分，不但对修道院里的修士、修女如此，对普通的基督徒来说也是如此。在欧洲一些中世纪建成的大教堂里，我们如今仍然听得到传统的晚课祷告声，那种声音极其动人心魄、极其让人难以忘怀，因为它会往上直冲巨大的拱形天花板，余音绕梁，令人觉得荡气回肠。

在大教堂以外的地方，乐师们则会演奏各种各样的木管乐器、弦乐器和打击乐器。当时也已有了铜管乐器，其中就包括早期的长号，它被人们（毫不恭维地）称为"萨克布号"[1]。当时，为了大张旗鼓地宣布重要人物的到来，喇叭是一件必不可少的工具，而举办骑士比武大会与宴会之类的盛事时尤其如此。其时，竖笛颇为流行，它们大小不一，取决于乐师想要的是高音还是低音。凡是听过儿童音乐会的人都知道，悦耳动听地演奏竖笛需要精湛的技艺和勤加练习，所以那些以此谋生的乐师必定付出了大量的时间。

十有八九，我们如今看到的、中世纪最具象征意义的乐器就是鲁特琴（lute）了，这是一种外形像梨的弦乐器，弹奏方式与吉他无异。鲁特琴是一种非常适合吟游歌手随身携带的乐器，因为它们（与吉他一样）既可以让歌手用和弦进行伴奏，又可以让他们挑选歌曲来演奏。鲁特琴还相对较轻，当然也就便于携带了。竖琴是四处游历的吟游歌手使用过的一种更早、更传统的乐器，与民间及诗歌传统之间具有特别紧密的联系，比如爱尔兰与威尔士两地的情况就是如此。

当时的吟游歌手不仅仅是乐师，他们也是多才多艺的艺人，拥有从杂技表演到魔术、杂耍、说书与讲笑话等诸多本事。据

---

[1] 萨克布号（sackbut），因长号这种古老的铜管乐器没有活塞装置，而是靠内外两副套管的伸缩来决定音高的，故又名"伸缩号""拉管"。"sackbut"一词意为"推拉"，故作者才有此说。

第七章 时装、比赛与宫廷爱情

13 世纪一份史料中的记载来看，一位真正的吟游歌手能够做到"谈吐与作诗都很优秀、机智风趣、深谙特洛伊的故事、可将苹果稳稳当当地顶在刀尖上、表演杂耍、跳圈，可演奏齐特尔琴、曼陀林琴、竖琴、小提琴（和）八弦琴"，同时还能驯兽。当时的吟游歌手很像是如今的音乐家或者街头艺人，他们需要留意寻找表演机会，比如到定期举行的巡回集市、市场日和纪念活动上去演出，不然的话，他们就有可能经常为了吃上一顿晚餐而不得不去卖唱了。这种居无定所的生活，使得他们对农村地区的情况了如指掌，这就是他们成了当时的优秀信使和新闻来源的原因。

> 亨利二世宠幸的一位艺人罗兰·勒·佩图尔（Roland le Pettour）曾经获赐了 30 英亩的土地，唯一的条件就是每年圣诞节时，他都必须为这位国王表演自己的拿手好戏：跳跃、吹口哨和放屁。

当时，一位希望生活得较为稳定的吟游歌手可以找一份工作，去给一座城镇当"官方乐师"（wait），这样他每年都可以获得一小笔钱，但只要是社区需要有人来演奏音乐，比如游行、举办庆祝活动和演出戏剧的时候，他就得随叫随到。市民个人举办婚礼或葬礼的时候，也可以雇用这种官方乐师去演奏乐曲。由于他们须按要求在空旷与封闭的空间里表演，因此官方乐师必须能够熟练地演奏声音响亮的乐器（比如喇叭、双簧管）和声音轻柔的乐器（比如竖琴）。

行吟诗人则不同于吟游歌手，因为行吟诗人通常都会长时间地依附于某个人的宫廷，而且他们的工作不仅包括创作、演奏娱乐性的歌曲，还要创作、演奏奉承和颂扬其庇护人的歌曲。他们都自诩乐师兼诗人，若是被人要求奉命放屁，他们就会觉得受到了侮辱（只不过，若是奉命放屁可以得到30英亩的土地，或许他们就不会这样想了）。

> 行吟诗人的传统始于法国南部，阿基坦的威廉公爵（Duke William of Aquitaine，他是埃莉诺[1]的祖父）曾在那里创作过诗歌，吹嘘自己具有旺盛的性欲及他在卧室里御女无数。

当时的行吟诗人有一种套路，凡是听过广播的现代人都会觉得很熟悉：他们创作的诗歌内容往往都是歌手爱上了一位近乎完美、美丽却又高不可攀的贵妇，而这位贵妇通常正在与另一名男子交往。这种爱情令歌手觉得极其痛苦，以至于到了死亡可能是

---

[1] 埃莉诺（Eleanor，?—1204），即后文中所称的阿基坦的埃莉诺（Eleanor of Aquitaine）。她本是阿基坦的女公爵，后来先后成了法国国王路易七世的王后（1137—1152）和英国国王亨利二世的王后（1154—1189），而亨利二世死后又成了英国的王太后（1189—1204），是中世纪的欧洲最富有和最有权势的女性之一。

一种更佳选择的地步。贵妇则会被描述得残忍无情，因为她不允许这位追求者在不顾她的社会与婚姻义务的情况下秘密地享受其身体所带来的快乐。

这种音乐的流行，引发了一场新的、被称为"纯粹情爱"（fin'amors）或"宫廷爱情"的文化运动，并从音乐蔓延到了文学、时尚与礼仪等领域。将一位极其美貌贤惠的女子置于受人尊敬的位置，由一位极具荣耀和本领非凡的男子去赢得其芳心的骑士精神，就脱胎于这种传统，而在如今的歌曲、书籍、电影以及像为女性开门之类的"旧式礼貌"中，也依然残留着宫廷爱情的痕迹。

他们玩不玩游戏？

玩啊！事实上，我们如今所玩的棋盘游戏、骰子游戏甚至是纸牌游戏，中世纪的人也会玩。

当时，骰子游戏十分流行，在士兵当中尤受欢迎，因为骰子极其便于携带，游戏节奏也很快，人们很容易用它们来赌博。骰子可以用木头、骨头或者象牙制成。中世纪有很多的骰子留存了下来，其中还有用于作弊的加重骰子。教会既不允许人们赌博，因此也不赞成人们玩骰子游戏。

至今人们仍然在玩的一种中世纪棋盘游戏就是西洋双陆棋，另一种则是九子棋（nine men's morris）。象棋是从印度经由中东地区传到中世纪的欧洲的。然而传入欧洲之后，棋盘上的棋子却改变了最初的形式，因此欧洲的象棋中不再有"象"之类的棋子，而是用城堡、骑士与主教等棋子取而代之。人们在苏格兰刘易斯岛（Isle of Lewis）的一处海滩上发现了一些被海水冲刷到了岸上、属于欧洲最古老的棋子，它们都是用海象的象牙精心雕制而成的。

一副完整的中世纪纸牌——其中有些正在美国纽约的大都会修道院艺术博物馆（Met Cloisters Museum）里展出——由国王、王后、仆人（杰克）和不同花色的数字号牌组成，不过，它们的花色并不是绝大多数现代纸牌中我们所熟悉的红桃、梅花、黑桃和方块。相反，它们的花色都是用马术与狩猎时使用的设备与马具制成的。由于配图丰富，这些纸牌肯定不是当时的农民的，很有可能，在出现大规模造纸和发明印刷机之前，纸牌曾是上层人士所玩的游戏。

最后，中世纪的人还有户外游戏可玩，比如投环游戏（quoits，一种早期的掷马蹄铁游戏）、滚木球［boules，类似于法式滚球（pétanque）或者室外地掷球（bocce）游戏］，以及抛球游戏（pell mell，即早期的槌球游戏）。

他们进行体育活动吗？

中世纪的人绝对是喜欢体育运动的，而从英格兰的爱德华三世不准人们在节假日里进行射箭以外的其他所有体育活动的禁令中，我们也会对他们从事的体育活动有所了解。禁令中声称："人们喜欢抛掷石头、木块与铁块；有些人喜欢玩手球、足球和棍子游戏。"这些最早的体育活动，很可能类似于高地运动和现代的田径比赛。

与如今一样，当时的欧洲人曾普遍踢足球（也就是北美地区所称的"英式足球"），他们所踢的足球要么是用充气的猪膀胱制成，要么就是用塞满苔藓的皮革制成。那时的人还打网球和羽毛球，以及一种叫作"科尔夫"（colf）的早期高尔夫球。

有时也被称为"王侯运动"的放鹰捕猎或鹰猎活动曾在中世纪的欧洲各地广泛流行，而拥有一间存马数量充足的马厩，则是当时的人精明强干与社会地位的标志。与平常的狩猎不同，放鹰捕猎意味着狩猎者在获得追逐快感的同时，既不会有上马、下马带来的不便，也无须拥有任何特殊的本领、无须进行艰苦的体能训练。它还意味着狩猎者可以与贵族同伴一起在森林里骑行，而不可能出现有人近距离跟踪与偷听的现象。所以，中世纪的爱情诗歌中有驯鹰术用语，就是不足为怪的了。

打猎也是贵族阶层中一项令人愉快和经常从事的体育活动。通常来说，狩猎者会用猎狗将猎物赶出来，只不过杀死猎物的任务必须由人们来完成。鹿和野猪是当时两种最常见的猎物，但二者都有可能对狩猎者构成危险：牡鹿的特角不可小觑，野猪的獠牙则更加危险，因为野猪的身高使得它的獠牙有可能割断猎人的股动脉。若是受了这样的伤，国王也好、平民也罢，片刻之后都会死去。

虽然有这种危险（或许正是由于具有这种危险），国王们却还是极其热爱和享受狩猎活动，因此当时曾经划拨出大片大片的土地，专门用作王室的狩猎场地，除非是获得了明确的允许，否则的话，其他任何人都是不得到王室森林里去打猎的。自然，在一个人们本已很难获得食物的时代，这种法律规定既不公平，也很不受人欢迎。尽管如此，有些讲述罗宾汉传奇的故事表明，偷猎在当时仍属一种严重的罪行，偷猎者可以被处以死刑，或者被剥夺法律权利。

骑士比武大会怎么样呢？

骑士比武大会始于 12 世纪，但信不信由您，起初它的重点并不在于比武。相反，早期的骑士比武大会主要集中在混战（mêlées）上，即把骑士们分成两支不同的队伍，让他们在一处场地上为争夺支配地位而进行大规模战斗。参战者一开始都是骑在马上，但他们注定要被撞倒在地，然后徒步继续战斗。

> "比武"(tournament)一词源自法语中的"torner",意为"转身"。它描述了骑士在混战中转过身去面对新的对手这一动作。

虽然混战事实上不像真正的战斗那么危险,但一大批人员与马匹挤在一个面积很小的地方用并不尖锐的武器相互攻击,还是有可能导致一场灾难。许多人要么是死于比武,要么就是过后死于战斗中所受的外伤,或者被大批战马踩踏而死。亨利二世与阿基坦的埃莉诺两人的儿子杰弗里(Geoffrey)就是死于一场比武混战,从而为"狮心王"理查驾崩之后约翰登基为王扫清了道路。

若是在比武中被俘,就不仅意味着您会被另一位骑士拿来示众、遭受难堪,还意味着您必须向俘房者支付一笔赎金——通常都是交出您所骑的马匹。俘房身份更重要的人可以带来更多的赎金,这就是骑士们有时会合起伙来对付彼此的原因。在一场骑士比武中,身为中世纪最著名骑士之一的威廉·马绍尔[1]不得不同时击退5名袭击者。混战中被俘的人会被关起来,只有答应支付赎金之后才会被允许返回战场,尽管有些欠缺骑士精神的人确实

---

1 威廉·马绍尔(William Marshal,1146—1219),英国中世纪最伟大的一位骑士,曾先后担任英格兰王室的御马总监和四代君主的顾问,最终成了摄政王,并被誉为"最忠诚的骑士"。

会想方设法地偷偷溜回战场上。

随着岁月流逝，出于安全起见，骑士比武大会也发生了变化，逐渐从大规模的较量变成了以马上长矛比武为重点。比武场地缩小了，不再是成百上千位骑士将彼此击落下马，而是让两名骑士进行对抗，将对方击下马背。比武时所用的长矛也变得越来越钝，因为没人希望再失去一名王位继承人（或许还会在无意中让另一个约翰上台掌权）。骑士比武所用的钝矛又长——达18英尺[1]——又重，因此操弄这种长矛既需要力气，也需要技巧。

当时，人们会从四面八方赶来参加骑士比武大会，并且挨着赛场支起无数顶帐篷，供参赛的骑士、他们的随从以及任何一个可以从比武大会中赚到钱的人居住，比如食品摊贩、盔甲匠人、铁匠、裁缝和皮革匠，等等。我们可以在骑士比武赛场上看到的一个重要群体，就是女性了。骑士精神与宫廷爱情构成的文化，使得具有"男子气概"的男性不仅应当做出一些光荣事迹来，而且应当让美丽的女性见证这些事迹。一位神学家曾经抱怨说，骑士比武大会过于助长这种轻佻之举了：

> 许多人都会犯下被称为"色欲"（Lust）的第七宗大罪，因为参加骑士比武大会的人就算本领高强，也是为了勾引那

---

[1] 约合5.4米。

些不知羞耻的女人；他们还习惯于带着某些女性所给的信物，好像那些信物就是他们的信仰似的。

尽管神职人员颇有微词，但宫廷爱情这种文化既让骑士比武大会具有了浪漫色彩，也导致骑士比武大会在欧洲的文化中占据了核心位置，直到中世纪末期，甚至更久。

当时有人为了消遣而阅读吗？

中世纪的人曾广泛阅读各类书籍，目的既是学习知识，也是自娱自乐。中世纪的书籍实际上大多属于杂录作品，也就是说，书籍的内容包罗万象，从传记到食谱，到圣徒生平，再到解释宗教教义中的某些部分，不一而足。就其本身而言，它们都堪称引人入胜，既可以让人领略到编纂者的思想，也向我们描述了编纂者及其家人的兴趣所在。

> 现代人所称的书籍——也就是上下封面之间含有若干页正文的书籍——严格说来应当被称为"古抄本"。这是为了将它与同样被我们称为"书籍"的其他文献，即可以写在卷轴上的长篇文本（比如《创世记》）区分开来。

尽管与如今相比，中世纪欧洲普通人口的识字率可谓微不足道，但当时也有许多人的确能够阅文识字。然而，不同于如今的是，中世纪的阅读通常都不是一种沉默不语的活动。假如拥有书籍和阅读能力，人们就会为彼此大声朗读，将它当成一种娱乐活动，听众则会在理解这些故事后，再口头复述给别人听。这就意味着，大声朗读一本书的人可以将书中所讲的故事——尤其是好故事——成倍地传播开来。

与中世纪的读者一样，我们也可以通过阅读中世纪的传记，了解到当时人们生活中的许多情况，这一点就是它们曾经广受欢迎（现在也依然如此）的原因。威廉·马绍尔、布锡考特，甚至是声名狼藉的乌尔里希·冯·列支敦士登[1]等人的传记曾经被人们一遍又一遍地抄录下来，好让人们间接体验到他们最喜欢的著名骑士的生活，了解骑士精神与高尚品德，以及他们的非凡本领。在有可能是世间第一部女性自传的《玛格丽·坎普之书》（*The Book of Margery Kempe*）[2]中，玛格丽试图记录自己的奇妙

---

1 乌尔里希·冯·列支敦士登（Ulrich von Liechtenstein，约1200—1275），中世纪奥地利的贵族、骑士。他为了获得心中女神的垂青而干出了许多荒唐之事，如做兔唇手术、将手指切下来连同情书一起寄给她等，后来撰写了两部半自传性的作品《为女士服务》（*Frauendienst*）与《仕女之书》（*Frauenbuch*），详细记述了他那种半真半假的宫廷爱情故事。如今，这两部作品也是我们了解中世纪的骑士精神与精神爱情的重要著作。
2 玛格丽·坎普（Margery Kempe，约1373—约1440），英国基督教的神秘主义者，《玛格丽·坎普之书》一作据说由她口述而成，其中记录了她的家庭苦难、她前往欧洲各个圣地和耶路撒冷朝圣的情况以及她与上帝之间的神秘对话等内容，被有些人视为世间第一部英语自传作品。

经历与幻觉,以及身为神秘主义者的艰辛生活,这为我们呈现了中世纪一位女性、妻子、朝圣者兼神秘主义者的生活中诸多有趣的细节。

玛格丽对自己那场前往耶路撒冷的朝圣之旅的记述,也说明中世纪的读者对更多地了解家门口以外的世界很感兴趣。与现代的游记文学一样,《马可·波罗游记》(*The Travels of Marco Polo*)之类的中世纪游记文学作品让人们看到了广阔的世界,其中既推荐了一些值得前去游历的好地方,也就旅行途中可能面临的一些困难向人们提出了警告。对那些有可能永远不会进行这种朝圣或旅行壮举的人而言,游记文学的吸引力就在于,这种作品会让他们尽可能地身临其境。

同样,中世纪的动物图鉴描述了世界各地的动物,它们都是用一种解释性的方式撰写而成的,以便帮助基督徒更好地了解整个世界。例如,"鹈鹕"一条就讲述了这种鸟会弄伤胸脯、用自己的鲜血喂养幼鸟的情况。人们将这一点与耶稣的献身关联了起来,而胸前带血的鹈鹕也变成了一种流行的虔诚基督徒的象征。另一方面,海狸则被描述成了游泳能手,其油脂具有药用价值。据说,由于海狸明白这一点,所以当人们逼近时,它们就会咬下自己的睾丸,扔向追捕它们的人。书中还解释说,这就是海狸在拉丁语中被称为"投掷者"(*castor*)的原因。虽然我们如今可能觉得它们的内容十分古怪,但动物图鉴在中世纪却是极受人们欢迎的。

当时的基督徒常常阅读、携带和赠送祈祷书，这种书籍里含有与每天的祷告时间相关的祈祷词与诵读经文。此外，那时的人也会阅读中世纪版的"自助"书籍，它们都是一些指导性的专著，旨在帮助读者过上更加高尚的生活，并在死后升入天堂。比方说，克里斯蒂娜·德·皮桑所著的《三德之书》(*Book of the Three Virtues*) 就向法国女性传授了关于她们身为女性承担着什么样的角色，以及她们如何才能在生活中获得成功等方面的知识。13世纪的西班牙作家雷蒙·卢尔（Ramon Lull）所撰的《骑士之书》(*The Book of Chivalry*) 则是教导战士兼男性骑士们如何才能变得更加完美。

宗教文学与冒险故事的交汇之处就是圣徒言行录，亦即圣徒传记了。我们在本书第五章已经看到，圣徒传记满足了宗教文学的要求，因为圣徒必然都是始终保持着虔诚之心、最终升入了天堂，并且在此过程中让大量异教徒皈依了基督教的人。与此同时，这些故事中也含有许多涉及裸体、性与血腥的画面，尺度毫不亚于"前卫的"现代电视节目。圣徒——尤其是女性圣徒——的身体，从其皮肤和头发的特征，到他们被罪恶的异教徒折磨时身体的裸露程度，都被描绘得十分详细。他们的受伤情况和遭到折磨的方法，从流血到割伤、到骨折、再到烧死和斩首，也被描述得栩栩如生。然而，与当时的戏剧一样，往圣徒传记中添加性与暴力的做法并未被人们视为亵渎神明之举，而只是被视为对属于中世纪基督教核心内容的人类苦难进行的另一种探索。

当然，圣徒传记以外的冒险故事也是很受人们欢迎的。特别是维京人的传奇故事，其中含有读者或听众希望看到或听到的一切：游历、魔法、爱情、黄色笑话、战斗以及歌唱，堪称应有尽有。这些传奇故事有时可能源于一些真实人物的生平，比如"红发"埃里克[1]和拉格纳·罗斯布洛克[2]，这些人如今仍然以其游历与勇敢而闻名。凯尔特人的故事也被人们记载了下来，比如我们在《马比诺吉昂》[3]一作中看到的那些故事，这让它们那种融合了超自然与自然两个方面的独特风格没有被其他文学彻底压倒。

最后就是罗曼史了。浪漫故事在 12 世纪过后变得日益流行起来，而它们的讲述与复述则导致宫廷爱情的文化从法国南部逐

---

1 "红发"埃里克（Erik the Red，950—1003），本名埃里克·瑟瓦尔德森（Erik Thorvaldsson），挪威著名的海盗与探险家，他发现了格陵兰岛并在那里建立了一个斯堪的纳维亚人的定居点。亦译"红胡子"埃里克、"红魔"埃里克等。
2 拉格纳·罗斯布洛克（Ragnar Loðbrok，生卒年不详），8 世纪至 9 世纪的维京人领袖，绰号"毛裤"（Hairy Trousers/Breeches）。他统治过丹麦与瑞典、袭击过英法两国，并在 845 年大举入侵和劫掠巴黎，后来成了诸多传奇故事中的人物。
3 《马比诺吉昂》（The Mabinogion），中世纪英国根据神话、民间传说和英雄传奇编撰而成的威尔士故事集，总计 11 篇。由多位作者写成，经过数个世纪的口耳相传，最终形成了多个版本。

渐传播到了欧洲各地。这些故事与北欧的传奇、凯尔特人的民间传说一样,往往都带有一个超自然的基本主题、有一位勇敢(且通常有名有姓)的骑士或者王子,以及一位美丽(且通常无名无姓)的因受困而需要救援的少女。与早期往往源自口头传说的北欧与凯尔特文学不同,欧洲大陆上的浪漫故事日益开始变成了先写下来、然后再讲述的作品。亚瑟王传奇是中世纪所有的传奇故事中最受欢迎的一种,时至今日也依然如此。

> "罗曼史"一词最初指的是用罗曼语(指法语、意大利语、西班牙语或者葡萄牙语——这些语言都源自古罗马人所用的拉丁语)中的一种所讲述的故事。然而,其中一些最受欢迎的故事却以宫廷爱情关系为中心,这就是我们至今仍将爱情故事称为罗曼史的原因。

中世纪的每一个欧洲人在谋生之余,都有自己的爱好、兴趣或者打发时间的方式,踢足球也好,演奏音乐也罢,就像如今一样。在诸多描绘中世纪之人的作品表现的都是他们的悲伤、愤怒或者恐惧之情时,描述一下他们在这种休闲时刻与家人和朋友相聚一堂、享受宁静时光并且一起欢笑的场景,是十分重要的。看着中世纪之人生活中的种种磨难时,我们很容易忘记,当时的人曾在一起度过闲暇时光所带来的日常乐趣中享有过诸多的快乐。

结　语

A Final Word

中世纪的欧洲在浩瀚的时空中具有无穷的魅力，宗教信仰与种种浪漫的理想令人难忘地交汇于此。我们永远都无法用一句简短的话语将它们巧妙地概括出来。一千多年极其丰富、极其多样的历史，就意味着始终都有更多的东西需要我们去了解、去探究，迄今为止，还没有哪一部史书真正做到了这一点。

然而，关于中世纪的欧洲人，我们可以肯定的是，他们确实希望自己为后人所铭记。纪念碑、编年史，以及精心手写于千年以前那些手稿末尾的、无声的祷告请求都表明，我们尽力记住他们，并且全面地看待他们身上的人性弱点与力量，对过去的人来说十分重要。虽然我们永远都无法真正了解到穿着他们那种时髦的尖头鞋子走路时是种什么样的感觉,但愿我们能够始终努力地记住他们,记住他们与我们自己无异,是拥有好奇而复杂的心灵和思想的人。

致　谢

Acknowledgements

相比一位作家或者一种思想来说，撰写一部作品的过程要重要得多。对于所有参与了这场特殊旅程的人以及所有引领着我完成本书的道路，我都表示最衷心的感谢。

感谢艾乐瑞·派皮恩（Eleri Pipien），此人的相似见解引领着她来到了我的虚拟之门的门口，并且引领着我穿过了这扇虚拟之门。感谢克莱尔·霍普金斯（Claire Hopkins）、珍妮特·布鲁克斯（Janet Brookes）、卡琳·伯尔纳姆（Karyn Burnham），以及笔剑历史出版社（Pen & Sword History）里每一位提供过帮助、让本书变得尽可能完善的人。

感谢世界各地日益发展壮大起来的历史学家团体：他们不但教给了我很多的知识，也极其关爱并为我的研究提供了有力的支持。你们虽然人数众多、不胜枚举，但请相信，每当我在书架上或者新闻推送里看到你们的名字时，我都会喜笑颜开。

感谢我那些优秀的朋友和永远支持我的家人：他们不但从未怀疑过本书有朝一日终将问世（哪怕我自己心存怀疑的时候，他们也是如此），为我提供了精神支持和茶点，而且带着我的孩子去探险，以便我可以安心写作。我要感谢这样一些人：每当我有了新的想法或者忙于新的项目时，总能指望他们将消息传播出去。你们的爱与支持，就是我的整个世界。

感谢我的女儿们，感谢你们给了我充足的时间、空间、安静与拥抱来写作。虽然你们年纪还小，可你们都是勇敢和了不起的人，我为你们感到无比骄傲。

单凭一句"感谢"，似乎并不足以表达我对丹（Dan）的感激之情，是他的爱与大度，才让我有可能实现这个梦想。

最后就是要感谢我的读者了：感谢您对本人的支持，以及您对历史学的支持。

注 释

Notes

第一章 肮脏的小秘密

对于这一章,我要特别感谢卡罗尔·罗克利夫(Carole Rawcliffe)的辛勤工作;她在洗衣业与城市清洁方面的研究,对本章中的各节都产生了重要的影响(请参见"Marginal"和 *Urban* 两作)。关于伦敦的热水浴室因为伤风败俗而被关闭的这个例子,参见卡拉斯(Karras)的(*Common*);关于伊普尔的排水情况,参见特里奥(Trio)的作品;关于锡耶纳,参见库彻(Kucher)的作品;关于牙膏,参见安德森(Anderson)的作品;关于克吕尼的修道士,参见克尔(Kerr)的作品。

第二章　耕作、斋戒与盛宴

尽管这一章简要介绍了中世纪的欧洲通过贸易线路形成的种族多样化局面，但我鼓励读者去深入研究一下当今许多学者在这个方面所做的杰出研究。阅读一下《欧洲艺术史中的有色人种》("People of Color in European Art History")一文（网址：https://medievalpoc.tumblr.com）是个不错的开端。关于栗子面包，参见蒙塔纳里（Montanari）的作品；关于吟咏餐桌礼仪的那首诗作，参见哈利威尔（Halliwell）的作品。至于本章中提到的婚礼上的"小甜点"，我要感谢伊拉娜·克鲁格（Ilana Krng），感谢她允许我参考了她在"中世纪研究国际会议"（ICMS）上提交的论文。

第三章　爱的艺术

本章中提到的陶顿马刺、新娘腰带、顶针以及陶器碎片，在吉尔克里斯特（Gilchrist）的《中世纪的生活》（*Medieval Life*）一作中都可看到。我们对中世纪的性行为这个方面所了解到的情况，大多来自露丝·马佐·卡拉斯（Ruth Mazo Karras）的作品，她的研究对我产生了极大的影响。关于当时对一位丈夫的阳痿隐疾进行的调查，参见 *Common Women*。关于合葬的两位骑士，关于赫泽尔多弗、朗查亚与雷克纳等人的法律案件，以及对性少数群体的性行为更加深入的讨论，参见 *Sexuality in Medieval*

Europe。关于避孕，包括蒙塔尤、忏悔者的措辞以及避孕草药的名单等方面，参见里德尔（Riddle）的作品；关于韵文故事，参见杜宾（Dubin）的作品；关于本章中提到的丧葬习俗与赫里福德座堂的例子，参见奥尔姆（Orme）的著作。我要感谢凯思琳·肯尼迪（Kathleen Kennedy），感谢她让我了解到当时的分娩过程中使用了椰子油的情况。

第四章　丑陋与残忍

欲知维京人奴隶贸易的更多情况，以及对广义上的跨文化贸易进行的卓越研究，请参见弗兰科潘（Frankopan）的著作。关于本章中所用"维京人"一词的定义，参见萨默维尔（Somerville）与麦克唐纳（McDonald）两人的作品。梅巴克（Merbeck）关于当时的人对死刑抱有的复杂态度的研究，极大地影响了我自己的研究，本章所述就遵循了他在《小偷、十字架与轮碟》（*The Thief, The Cross, and The Wheel*）一作中概述的内容。关于比武审判法与神明裁判法，请参见亚宁（Janin）的作品。我在本章中简短地进行了概述的玛格丽达·德·波尔图一案，在贝德纳斯基（Bednarski）的《投毒的过去》（*A Poisoned Past*）一作中得到了充分的探究。若想了解对酷刑更加全面的探讨，请参见特蕾西（Tracy）的作品；"战狼"的故事则可以在莫里斯（Morris）的作品中看到。

第五章　信仰的时代

要想更加深入地了解神职人员的角色与神职授任的情况，参见巴罗（Barrow）的作品；关于那首提出宗教问题的歌谣，参见卢瑞亚（Luria）的著作；关于阿拉贡的犹太人行会，参见阿西斯（Assis）的作品；关于犹太教徒与穆斯林的着装规定，参见福坦莫大学（Fordham）对第四次拉特兰公会议的批注；要想更加深入地了解爱德华一世对犹太人的迫害情况，参见莫里斯（Morris）的作品。

第六章　疾病与健康

本章中提及的许多治疗方法，在近代以前就为各个社会所知并在世界范围内使用了。关于蜗牛的黏液，参见芒特（Mount）的作品；关于桑树的功效，参见埃弗雷特（Everett）的作品。灼伤的第三种疗法源自《特罗图拉》。格林版的《特罗图拉》是必不可少的读物，其中探究了《特罗图拉》的作者身份和人们曾经广泛使用此书的情况，如本章所示。针对草药的完整祷告词，可以在沃利斯（Wallis）的作品中看到，至于中世纪的药剂师所售物品及其服务的范围，参见韦拉（Vela）的作品。如今，水蛭与蛆虫已经被美国食品药品管理局（American Food and Drug Administration）注册登记为医疗器械。关于那位安装铁手的战士，参见弗洛尼（Frohne）的论述；关于盲人医院，参见赫斯（Hsy）的作品；要想更加全面地探究中世纪的人在法律上是如何处理认知障碍与精神疾病的，请参见梅茨勒（Metzler）的著作。

第七章 时装、比赛与宫廷爱情

关于中世纪医生所穿长袍的不同颜色，参见德·里德-西蒙斯（De Ridder-Symoens）的作品；关于修眉会让人在地狱里遭受惩罚的情况，参见格雷格（Gregg）的作品。李（Lee）所撰的《中世纪的织布工》(*The Medieval Clothier*)一作，为我提供了生产宽幅布的技术细节，其中就包括了本章中所引用的宽幅布尺寸。请读者看一看这部优秀的作品，更加仔细地探究一下中世纪纺织业的情况。关于男性的内衣，参见纽曼（Newman）的作品（*Daily*）；至于人们在奥地利发现的内衣与胸罩情况，参见鲁茨（Nutz）的作品。关于罗兰·勒·佩图尔这位优秀的吟游歌手的本领，以及中世纪"官方乐师"的更多情况，参见索斯沃斯（Southworth）的作品；关于当时的户外游戏与体育运动，参见纽曼的作品；至于大家希望了解的骑士比武大会的各个方面，包括它们的词源情况，以及本章中引用雅克·德·维特里（Jacques de Vitry）关于色欲的那句不满之语，请参见克劳奇（Crouch）的作品。

本书所附的参考文献经过了精选，会为读者提供更多的理解途径。我要感谢所有的学者；他们的研究大有裨益，不但有力地增加了我们的集体知识，而且极大地增加了我在本书中呈现出来的个人知识。

参考文献

Bibliography

Aberth, John. *The Black Death: The Great Mortality of 1348–1350, A Brief History with Documents*. New York: Palgrave MacMillan, 2005.

Abu-Asab, Mones, Hakima Amri, and Marc S. Micozzi. *Avicenna's Medicine: A New Translation of the 11th-Century Canon with Practical Applications for Integrative Health Care*. Rochester, VT: Healing Arts Press, 2013.

Abulafia, Anna Sapir. "The Jews" in *A Social History of England*, edited by Julia Crick and Elizabeth Van Houts, 256–264. Cambridge: Cambridge UP, 2011.

Allen, S. J. *An Introduction to the Crusades*. Toronto:

University of Toronto Press, 2017.

Anderson, Trevor. "Dental Treatment in Medieval England." *British Dental Journal* 197 (October 2004): 419–425.

Archibald, Elizabeth P. *Ask the Past: Pertinent and Impertinent Advice from Yesteryear.* New York: Hachette Books, 2015.

Ashenburg, Katherine. *The Dirt on Clean: An Unsanitized History.* Toronto: Vintage Canada, 2008.

Assis, Yom Tov. *Jewish Economy in the Medieval Crown of Aragon, 1213–1327: Money and Power.* Leiden, The Netherlands: E. J. Brill, 1997.

Baker, William Joseph. *Sports in the Western World*, Revised edition. Chicago: University of Illinois Press, 1988.

Barrett, W.P. 'The Trial of Jeanne D'Arc Translated into English From the Original Latin and French Documents.' *Medieval Sourcebook.* Fordham University. 访问于 2018 年 7 月 31 日。https://sourcebooks.fordham.edu/basis/joanofarc-trial.asp.

Barrow, Julia. *The Clergy in the Medieval World: Secular Clerics, Their Families and Careers in North-Western Europe, c.800–c.1200.* Cambridge: Cambridge UP, 2016.

Bednarski, Steven. *A Poisoned Past: The Life and Times of Margarida de Portu, A Fourteenth-Century Accused Poisoner.*

Toronto: University of Toronto Press, 2014.

Benedict, Saint. *The Rule of St Benedict.* Edited and translated by Bruce L. Venarde. Cambridge, MA: Dumbarton Oaks Medieval Library, 2011.

Bennett, Matthew, Jim Bradbury, Kelly DeVries, Iain Dickie, and Phyllis Jestice. *Fighting Techniques of the Medieval World, AD 500–AD 1500: Equipment, Combat Skills, and Tactics.* New York: Thomas Dunne Books, 2005.

Bevington, David. *Medieval Drama.* Boston, MA: Houghton Mifflin Company, 1975.

Boissoneault, Lorraine. "How Humble Moss Healed the Wounds of Thousands in World War I", Smithsonian.com (April 28, 2017). https://www.smithsonianmag.com/science-nature/how-humble moss-helped-heal-wounds-thousands-WWI-180963081/.

British Library, "Pope Innocent III". 访问于 2018 年 8 月 11 日。https:// www.bl.uk/people/pope-innocent-iii.

Britnell, Richard. "Town Life". In *A Social History of England, 1200–1500*, edited by Rosemary Horrox and W. Mark Ormrod. Cambridge: Cambridge UP, 2006: 134–178.

Brown, Nancy Marie. *Ivory Vikings: The Mystery of the Most Famous Chessmen in the World and the Woman who Made*

Them. New York: St Martin's Press, 2015.

Burger, Michael. *Sources for the History of Western Civilization: From Antiquity to the Mid-Eighteenth Century*, Vol. 1, 2nd Ed. Toronto: University of Toronto Press, 2015.

Butler, Sarah M. "'I Will Never Consent to be Wedded with You!': Coerced Marriage in the Courts of Medieval England." *Canadian Journal of History* 39 (August 2004): 247–270.

Cappellanus, Andreas. *The Art of Courtly Love*, translated by John Jay Parry. New York: W.W. Norton and Co., 1969.

Carlson, Bob. "Crawling Through the Millenia: Maggots and Leeches Come Full Circle." *Biotechnology Healthcare* 3 no. 1 (February 2006): 14, 17.

Castor, Helen. *Joan of Arc: A History*. London: Faber and Faber, 2014.

Caxton, William. "Prologue and Epilogue to the 1485 Edition" in Sir Thomas Malory, *Le Morte Darthur*, edited by Stephen H.A. Shepherd. New York: W.W. Norton and Company, 2004, 814–818.

Chaucer, Geoffrey. "The General Prologue" in *The Riverside Chaucer*, 3rd ed., edited by Larry D. Benson. New York: Houghton Mifflin Company, 1987.

Clark, Anna. *Desire: A History of European Sexuality.* New York: Routledge, 2008.

Coatsworth, Elizabeth, and Gale R. Owen-Crocker. *Clothing the Past: Surviving Garments from Early Medieval to Early Modern Western Europe.* Boston: Brill, 2017.

Coulton, G.G. *Social Life in Britain from the Conquest to the Reformation.* Cambridge: Cambridge UP, 1918.

Crosby, Alfred W. *Throwing Fire: Projectile Technology Through History.* Cambridge: Cambridge UP, 2002.

Crouch, David. *Tournament.* London: Hambledon and Continuum, 2005.

Cuffel, Alexandra. "Polemicizing Women's Bathing Among Medieval and Early Modern Muslims and Christians." In *The Nature and Function of Water, Baths, Bathing and Hygiene from Antiquity through the Renaissance*, edited by Cynthia Kosso and Anne Scott. Leiden, The Netherlands: Brill, 2009.

De Curzon, Henri. *La Règle du Temple.* Paris: Société de L'Histoire de France, 1886.

De Pizan, Christine. *The Selected Writings of Christine de Pizan*, translated by Renate Blumenfeld-Kosinski and Kevin Brownlee. Edited by Renate Blumenfeld-Kosinski. New York: W.W.

Norton and Company, 1997.

DeVries, Kelly. *Joan of Arc: A Military Leader*. Thrupp, UK: Sutton Publishing, 2003.

De Ridder-Symoens, Hilde, ed. *A History of the University in Europe, Volume I: Universities in the Middle Ages.* Cambridge: Cambridge UP, 1992.

Dubin, Nathaniel E., trans. *The Fabliaux: A New Verse Translation.* New York: Liveright Publishing Corporation, 2013.

Everett, Nicholas. *The Alphabet of Galen: Pharmacy from Antiquity to the Middle Ages.* Toronto: University of Toronto Press, 2012.

Fordham University. "The Questioning of John Rykener, A Male Cross-Dressing Prostitute, 1395." *Medieval Sourcebook*. 访问于 2018 年 8 月 11 日。https://sourcebooks.fordham.edu/ source/1395rykener.asp.

Fordham University. "Twelfth Ecumenical Council: Lateran IV, 1215." *Medieval Sourcebook*. Accessed 11 August 2018. https:// sourcebooks.fordham.edu/basis/lateran4.asp.

Frankopan, Peter. *The Silk Roads: A New History of the World.* New York: Vintage Books, 2017.

Frohne, Bianca. "Performing Dis/ability? Constructions of

'Infirmity' in Late Medieval and Early Modern Life Writing" in *Infirmity in Antiquity and the Middle Ages: Social and Cultural Approaches to Health, Weakness and Care*, edited by Christian Krötzl, Katariina Mustakallio and Jenni Kuuliala. New York: Routledge, 2015, 51–66.

Geary, Patrick J. *Readings in Medieval History*. Peterborough, Canada: Broadview, 1989.

Gilchrist, Roberta. *Medieval Life: Archaeology and the Life Course*. Woodbridge, UK: Boydell, 2012.

Glick, Thomas, Steven J. Livesey, and Faith Wallis, eds. *Medieval Science, Technology, and Medicine: An Encyclopedia*. New York: Routledge, 2005.

Goldberg, P. J. P. "The Fashioning of Bourgeois Domesticity in Later Medieval England: A Material Culture Perspective" in *Medieval Domesticity: Home, Housing and Household in Medieval England*, edited by Maryanne Kowaleski and P. J. P. Godlberg. Cambridge: Cambridge UP, 2008, 124–144.

Gravett, Christopher. *Knight: Noble Warrior of England 1200–1600*. Oxford: Osprey Publishing, 2008.

Green, Monica, ed. *The Trotula: An English Translation of the Medieval Compendium of Women's Medicine*. Philadelphia:

University of Pennsylvania Press, 2002.

Gregg, Joan Young. *Devils, Women, and Jews: Reflections of the Other in Medieval Sermon Stories.* New York: State University of New York Press, 1997.

Halliwell, James Orchard. *The Book of Curtasye: An English Poem of the Fourteenth Century.* London: C. Richards, 1841.

Hindley, Geoffrey. *Medieval Sieges and Siegecraft.* New York: Skyhorse Publishing, 2009.

Horn, Walter and Ernest Born. "Heaven on Earth: The Plan of St Gall". *The Wilson Quarterly* 4, no.1 (Winter 1980): 171–179.

Hsy, Jonathan. "Disability." *The Cambridge Companion to The Body in Literature*, edited by David Hillman and Ulrika Maude, 24–20. New York: Cambridge UP, 2015.

Jacob, H.E. *Six Thousand Years of Bread: Its Holy and Unholy History.* New York, Skyhorse Publishing, 2007.

Jager, Eric. *The Last Duel: A True Story of Crime, Scandal, and Trial by Combat in Medieval France.* New York: Broadway Books, 2004.

Janin, Hunt. *Medieval Justice: Cases and Laws in France, England, and Germany, 500–1500.* Jefferson, NC: McFarland and Company, 2004.

Jeay, Madeline and Kathleen Garay, eds. *The Distaff Gospels.* Peterborough, ON: Broadview, 2006.

Jones, Dan. *Magna Carta: The Making and Legacy of the Great Charter.* London: Head of Zeus Ltd., 2014.

Jones, Dan. *The Templars: The Rise and Spectacular Fall of God's Holy Warriors.* New York: Viking, 2017.

Karras, Ruth Mazo. *Common Women: Prostitution and Sexuality in Medieval England.* Oxford: Oxford UP, 1996.

Karras, Ruth Mazo. *Sexuality in Medieval Europe: Doing Unto Others.* New York: Routledge, 2005.

Keene, Derek. "Issues of Water in Medieval London to c.1300." *Urban History* 28, no.2 (2001): 161–179.

Kennedy, Kathleen E. "Gripping it by the Husk: The Medieval English Coconut." *The Medieval Globe* 3.1 (2017): 1–26.

Kerr, Julie. *Life in the Medieval Cloister.* London: Continuum, 2009.

Krug, Ilana. "*Sotelties* and Politics: The Message Behind the Food in Late Medieval Feasts." 在 International Congress on Medieval Studies 提交的论文, Kalamazoo, MI, Friday, 11 May 2018。

Kucher, Michael. "The Use of Water and its Regulation in

Medieval Siena." *Journal of Urban History* 31, no.4 (May 2005): 504–536.

Le Ménagier de Paris. *The Good Wife's Guide: A Medieval Household Book*, translated by Gina L. Greco and Christine M. Rose. Ithaca, NY: Cornell UP, 2009.

Lee, John S. *The Medieval Clothier.* Woodbridge, UK: The Boydell Press, 2018.

Longman, William. *The History of the Life and Times of Edward the Third*, volume II. London: Longmans, Green and Co., 1869.

Loengard, Janet S. "'Which May be Said to be Her Own': Widows and Goods in Late-Medieval England." In *Medieval Domesticity: Home, Housing and Household in Medieval England*, edited by Maryanne Kowaleski and P.J.P Goldbery, 162–176. Cambridge: Cambridge UP, 2008.

Luria, Maxwell S. and Richard L. Hoffman. *Middle English Lyrics: Authoritative Texts, Critical and Historical Backgrounds, Perspectives on Six Poems.* New York: W.W. Norton and Company, 1974.

March, Ausiàs. *Ausiàs March: Verse Translations of Thirty Poems*, translated and edited by Robert Archer. Woodbridge, UK: The Boydell Press, 2006.

Medievalists.net. "Did People in the Middle Ages Take Baths?" 13 April 2013. http://www.medievalists.net/2013/04/did-people in-the-middle-ages-take-baths/.

Meens, Rob. "Penitential Varieties" in *The Oxford Handbook of Medieval Christianity*, edited by John H. Arnold. Oxford: Oxford UP, 2014, 254–270.

Merback, Mitchell B. *The Thief, the Cross, and the Wheel: Pain and the Spectacle of Punishment in Medieval and Renaissance Europe*. London: Reaktion Books, Ltd., 1999.

Metzler, Irina. *Fools and Idiots? Intellectual Disability in the Middle Ages*. Manchester: Manchester UP, 2016.

Mills, Robert. *Suspended Animation: Pain, Pleasure and Punishment in Medieval Culture*. London: Reaktion Books, Ltd. 2005.

Montanari, Massimo. *Medieval Tastes: Food, Cooking, and the Table*, translated by Beth Archer Brombert. New York: Columbia UP, 2015.

Moore, John. *Pope Innocent III and his World*. Brookfield, VT: Ashgate, 1999.

Morris, Marc. *A Great and Terrible King: Edward I and the Forging of Britain*. London: Windmill Books, 2008.

Mount, Toni. *Dragon's Blood and Willow Bark: The Mysteries of Medieval Medicine.* Stroud, UK: Amberley Publishing, 2015.

Murray, Alexander. *Suicide in the Middle Ages: Volume II: The Curse on Self-Murder.* Oxford: Oxford UP, 2000.

Newman, Paul B. *Daily Life in the Middle Ages.* Jefferson, North Carolina: McFarland & Co., 2001.

Newman, Paul B. *Growing Up in the Middle Ages.* Jefferson, North Carolina: McFarland & Co., 2007.

Newman, Paul B. *Travel and Trade in the Middle Ages.* Jefferson, North Carolina: McFarland & Co., 2011.

Norwegian Institute for Cultural Heritage Research. "Unusual Medieval Dice Found in Bergen." 访问于 2018 年 8 月 9 日。https://niku.no/en/2018/03/uvanlig-terning-middelalderen-funnet-bergen/.

Nutz, Beatrix. "Medieval Lingerie Discovered." Universität Innsbruck, 访问于 2018 年 8 月 1 日。https://www.uibk.ac.at/ipoint/news/2012/buestenhalter-aus-dem-mittelalter.html.en.

Orme, Nicholas. *Medieval Children.* New Haven, CT: Yale UP, 2001.

Oxford English Dictionary. "Friday", 访问于 2018 年 8 月 1 日。https://en.oxforddictionaries.com/definition/Thursday.

Oxford English Dictionary. "Monday", 访问于 2018 年 8 月

1 日。https://en.oxforddictionaries.com/definition/monday.

Oxford English Dictionary. "Saturday", 访问于 2018 年 8 月 1 日。https://en.oxforddictionaries.com/definition/saturday.

Oxford English Dictionary. "Sunday", 访问于 2018 年 8 月 1 日。https://en.oxforddictionaries.com/definition/Sunday.

Oxford English Dictionary. "Thursday", 访问于 2018 年 8 月 1 日。https://en.oxforddictionaries.com/definition/thursday.

Oxford English Dictionary. "Tuesday", 访问于 2018 年 8 月 1 日。https://en.oxforddictionaries.com/definition/tuesday.

Oxford English Dictionary. "Wednesday", 访问于 2018 年 8 月 1 日。https://en.oxforddictionaries.com/definition/wednesday.

Paden, William D. and Frances Freeman Paden. *Troubadour Poems from the South of France*. Cambridge, UK: D.S. Brewer, 2007.

Partington, J. R. *A History of Greek Fire and Gunpowder*. Baltimore, MD: 1999.

Puff, Helmut. *Sodomy in Reformation Germany and Switzerland: 1400–1600*. Chicago: University of Chicago Press, 2003.

Rawcliffe, Carole. "A Marginal Occupation? The Medieval Laundress and her Work." *Gender and History* 21, no. 1 (April 2009): 147–169.

Rawcliffe, Carole. *Urban Bodies: Communal Health in Late Medieval English Towns and Cities.* Woodbridge, UK: Boydell, 2013.

Rebora, Giovanni. *Culture of the Fork: A Brief History of Food in Europe*, translated by Albert Sonnenfeld. New York: Columbia UP, 2001.

Riddle, John M. *Eve's Herbs: A History of Contraception and Abortion in the West.* Cambridge, MA: Harvard University Press, 1997.

Roberts, Charlotte and Keith Manchester. *The Archaeology of Disease*, third ed. Ithaca, NY: Cornell UP, 2005.

Scott, Margaret. *Fashion in the Middle Ages.* Los Angeles: J. Paul Getty Museum, 2011.

Singer, Julie. *Blindness and Therapy in Late Medieval French and Italian Poetry.* Cambridge: D.S. Brewer, 2011.

Singman, Jeffrey L. *Daily Life in Medieval Europe.* Westport, CT: Greenwood Press, 1999.

Skinner, Patricia, ed. *The Jews in Medieval Britain: Historical, Literary and Archaeological Perspectives.* Woodbridge, UK: Boydell, 2003.

Somerville, Angus A. and R. Andrew McDonald. *The Viking*

Age: A Reader. Toronto: University of Toronto Press, 2014.

Southworth, John. *The English Medieval Minstrel.* Woodbridge, UK: The Boydell Press, 1989.

Taylor, Craig and Jane H. M. Taylor, trans. *The Chivalric Biography of Boucicaut, Jean II Le Meingre.* Woodbridge, UK: The Boydell Press, 2016.

Than, Ker. "Maggots and Leeches: Old Medicine is New." *Live Science* (April 19, 2005). https://www.livescience.com/203-maggots leeches-medicine.html.

Theodore of Tarsus. "The Penitential of Theodore" in *Medieval Handbooks of Penance: A Translation of the Principal* Libres Poenitentiales *and Selections from Related Documents*, translated by John Thomas McNeill and Helena M. Gamer. New York: Columbia UP, 1938. 182–214.

Trio, Paul. "Ypres and the Drinking-Water Problem." In *Urban Space in the Middle Ages and the Early Modern Age*, edited by Albrecht Classen. Berlin: Walter de Gruyter, 2009.

Tracy, Larissa. *Torture and Brutality in Medieval Literature: Negotiations of National Identity.* Cambridge: D.S. Brewer, 2012.

Vela, Carles. "Defining 'Apothecary' in the Medieval Crown of Aragon." In *Medieval Urban Identity: Health, Economy and*

Regulation, edited by Flocel Sabaté, 127–142. Newcastle upon Tyne, UK: Cambridge Scholars Publishing, 2015.

Vigarello, Georges. *Concepts of Cleanliness: Changing Attitudes in France Since the Middle Ages.* Translated by Jean Birrell. Cambridge: Cambridge UP, 2008.

Wallis, Faith, ed. *Medieval Medicine: A Reader*. Toronto: University of Toronto Press, 2010.

图书在版编目(CIP)数据

中世纪人自有生活妙计 /（加）达妮埃尔·齐布尔斯基著；欧阳瑾译. -- 上海：上海社会科学院出版社，2025. -- ISBN 978-7-5520-4709-7

Ⅰ. K503

中国国家版本馆 CIP 数据核字第 20253538K9 号

Life in Medieval Europe: Fact and Fiction
Copyright © Danièle Cybulskie
Original English edition © 2019 published by Pen and Sword History, An imprint of Pen & Sword Books Ltd.
This simplified Chinese edition © 2025 published by Shanghai Academy of Social Sciences Press.
All Rights reserved.
上海市版权局著作权合同登记号：09 - 2024 - 0386

中世纪人自有生活妙计

著　　者：[加]达妮埃尔·齐布尔斯基
译　　者：欧阳瑾
责任编辑：张　晶
封面设计：扬州市最设手创艺设计有限公司
出版发行：上海社会科学院出版社
　　　　　上海顺昌路 622 号　邮编 200025
　　　　　电话总机 021 - 63315947　销售热线 021 - 53063735
　　　　　https://cbs.sass.org.cn　E-mail: sassp@sassp.cn
照　　排：南京理工出版信息技术有限公司
印　　刷：上海盛通时代印刷有限公司
开　　本：787 毫米×1092 毫米　1/32
印　　张：7.25
插　　页：12
字　　数：159 千
版　　次：2025 年 5 月第 1 版　2025 年 5 月第 1 次印刷

ISBN 978-7-5520-4709-7/K·479　　　　　　定价：58.00 元

版权所有　翻印必究